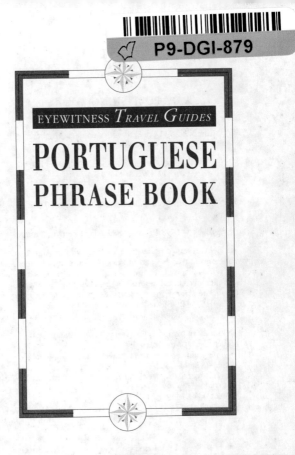

EYEWITNESS *Travel Guides*

PORTUGUESE
PHRASE BOOK

DK PUBLISHING, INC.
www.dk.com

A DK PUBLISHING BOOK

Compiled by Lexus Ltd with Ana de Sá Hughes
and Mike Harland

First American Edition, 1998
2 4 6 8 10 9 7 5 3 1

Published in the United States by DK Publishing, Inc.
95 Madison Avenue, New York, New York 10016
www.dk.com

Library of Congress Cataloging-in-Publication Data
Portuguese. -- 1st American ed.
    p.   cm. -- (Eyewitness travel guides phrase books)
    ISBN 0–7894–3592–6
    1. Portuguese language--Conversation and phrase books--English.
I. DK Publishing, Inc.   II. Series.
PC5073.P64 1998
469.83'421--DC21
                                                    98–8705
                                                       CIP

Picture Credits
Jacket: All special photography Steve Gorton, Clive Streeter
Linda Whitwam, Peter Wilson, and Francesca Yorke.

Printed and bound in Italy by Printer Trento Srl.

CONTENTS

PREFACE

This *Eyewitness Travel Guide Phrase Book* has been compiled by experts to meet the general needs of tourists and business travelers. Arranged under the headings of Hotels, Driving, and so forth, the ample selection of useful words and phrases is supported by a 2,000-line mini-dictionary. There is an extensive menu guide listing approximately 550 dishes or methods of cooking and presentation. In addition, many Brazilian words and expressions are given, including a list of Brazilian dishes and specialities.

Typical replies to questions you may ask during your trip, and the signs or instructions you may see or hear, are shown in tinted boxes. In the main text, the pronunciation of Portuguese words and phrases is imitated in English sound syllables. The introductory section on pronunciation provides basic guidelines to Portuguese (and Brazilian Portuguese) pronunciation.

Eyewitness Travel Guides are recognized as the world's best travel guides. Each title features specially commissioned color photographs, cutaways of major buildings, 3-D aerial views, and detailed maps, plus information on sights, events, hotels, restaurants, shopping, and entertainment.

Eyewitness Travel Guides titles include:
Portugal · Lisbon · Amsterdam · Australia · Sydney · California
Florida · Hawaii · New York · San Francisco & Northern California
France · Loire Valley · Paris · Provence · Great Britain · London
Ireland · Greece: Athens & the Mainland · The Greek Islands
Istanbul · Italy · Florence & Tuscany · Naples · Rome
Venice & the Veneto · Moscow · St Petersburg · Prague · Sardinia
Spain · Seville & Andalusia · Thailand · Vienna · Warsaw

PRONUNCIATION

When reading the imitated pronunciation, stress the part that is underlined. Pronounce each syllable as if it formed part of an English word and you will be understood fairly well. Avoid pauses between the syllables. The Portuguese have an irrepressible tendency to link the sound of a terminal vowel with the beginning of the next word. They have a "soft" pronunciation and will often swallow word endings. Given this complex sound structure, it is not always easy to transcribe Portuguese in terms of English spelling. Remember the points below and your pronunciation will be even closer to the correct Portuguese.

r   As in *rak̲e̲ttuh* (for **raqueta**): the initial r of a word should be rolled and aspirated, to create a 'hrr' sound from the back of the throat.

j   As in *ajood̲a̲hr* (for **ajudar**): this should be sounded as you would in the s in "pleasure," soft not hard.

ng   As in *nowng* (for **não**): it represents the nasal sound made when the vowels a, e, i, o, or u precede m or n, and the nasal diphthongs ão, ãe, ãi, and õe. If you are familiar with the French pronunciation of words like "monter" and "environ," then the Portuguese nasal sound should be no problem for you. Don't give the g of *ng* its full (hard) value as in "sing"—treat the letter combination as a symbol of the nasal sound.

u   As in *k̲a̲h-zuh duh b̲a̲hn-yoo* (for **casa de banho**): this is a dull u sound, as in the o in "mother."

BRAZILIAN PORTUGUESE

For Brazilian Portuguese, word endings are not swallowed as
in Portuguese, and vowel sounds are clearly pronounced. The
ão sound is heavily nasalized as in Portugal. The letter r at the
beginning of a word is pronounced as an h, so Rio (as in Rio de
Janeiro) actually sounds like hee-oo. A double r in the middle of
a word also sounds like the English h. The s as in "cortes" is
more like a z, whereas in Portuguese it is like the English sh.

   Where the Portuguese word differs from the Brazilian, the
Brazilian equivalent has been given next to it, as in the
following example (levantar is the Portuguese and tirar the
Brazilian equivalent);

Posso levantar/tirar (Braz) dinheiro com este cartão de crédito?

Where the whole sentence (or most of the sentence) is different,
the Brazilian equivalent will be repeated on a separate line and
have (Braz) preceding it:

Desculpe, enganei-me no número
dushkoolp, enganay-muh noo noomeroo

(Braz) Desculpe, foi engano
dushkoolp, foy en-gah-noh

In Things You'll See or Hear, the whole Brazilian phrase has
been given afterward:

casa de banho/banheiro (Braz)	restroom
não fumadores/não fumantes (Braz)	nonsmokers

USEFUL EVERYDAY PHRASES

Yes/No
Sim/Não
seeng/nowng

Thank you
Obrigado (*said by a man*)
obreegah-doo

Obrigada (*said by a woman*)
obreegah-duh

No, thank you
Não obrigado
nowng obreegah-doo

Please
Por favor
poor fuh-vor

I don't understand
Não compreendo/entendo (*Braz*)
nowng kompree-endoo/ain-taing-doh

Do you speak English/French/Spanish?
Fala inglês/francês/espanhol?
fah-luh eenglesh/fransesh/shpan-yoll

I can't speak Portuguese
Eu não falo português
eh-oo nowng fah-loo poortoo-gesh

Please speak more slowly
Por favor, fale mais devagar
poor fuh-vor, fahl mysh duvagahr

Please write it down for me
Não se importa de me escrever isso?
nowng see eemportuh duh mushkrevair eessoo

Good morning
Bom dia
bong dee-uh

Good afternoon
Boa tarde
boh-uh tard

Good night
Boa noite
boh-uh noyt

Good-bye
Adeus
adeh-oosh

How are you?
Como está?
koh-moo shta

Excuse me, please
Se faz favor/Com licença *(Braz)*
suh fash fuh-vor/kong lee-saing-sah

Sorry!
Desculpe!
Dushkoolp

I'm really sorry
Tenho muita pena/Sinto muito *(Braz)*
tenyo mweentuh peh-nuh/seento mweentoo

Can you help me?
Pode-me ajudar?
po̱d-muh ajooda̱r

Can you tell me . . . ?
Pode-me dizer . . . ?
po̱d-muh deeza̱ir

Can I have . . . ?
Dá-me . . . ?/Me dá . . . ? *(Braz)*
da̱-muh/meh-dah

I would like . . .
Queria . . .
kre̱e-uh

Is there . . . here?
Há . . . aqui?
ah . . . ake̱e

Where are the restrooms?
Onde é a casa de banho?
o̱ndeh uh ka̱h-zuh duh ba̱hn-yoo

(Braz) Onde é o banheiro?
o̱ndeh uh oh bang-e̱h-roh

Where can I get . . . ?
Onde posso arranjar . . . ?
o̱nduh po̱ssoo arranja̱hr

How much is it?
Quanto custa?
kwa̱ntoo ko̱oshtuh

Do you take credit cards?
Aceitam cartões de crédito?
assay-towng kartoyngsh duh kredditoo

Can I pay by check?
Posso pagar com cheque?
possoo pagahr kong shek

What time is it?
Que horas são?
kee orush sowng

I must go now
Tenho que me ir embora
tenyo kuh muh eer emboruh

(Braz) Tenho que ir embora
tenyo kuh eer eng-boh-rah

Cheers! *(toast)*
Saúde!
sa-ood

Go away!
Vá-se embora!
vassuh emboruh

THINGS YOU'LL SEE OR HEAR

aberto	open
água potável	drinking water
aluga-se	for rent
caixa	cash register
casa de banho/ banheiro (*Braz*)	restroom
com licença	excuse me
como está?	how are you
de nada	don't mention it
desculpe	sorry
é favor fechar a porta	please close the door
elevador	elevator
empurre	push
encerrado	closed
entrada	way in/entrance
entrada livre	admission free
fechado	closed
fechado para férias	closed for holiday period
fechado para obras	closed for repairs
homens	men's restroom
horário de abertura	opening times
horas de visita	visiting hours
lavabos	restroom
muito prazer!	pleased to meet you!
não	no
não falo inglês	I don't speak English
não faz mal	never mind
não fumar	no smoking
obrigado	thank you
ocupado	occupied
perdão	sorry
perigo de morte	danger
pintado de fresco/ tinta fresca (*Braz*)	wet paint

→

privado	private
proibida a entrada	no entrance
puxe	pull
reservado	reserved
saída	way out/exit
saída de emergência	emergency exit
saldos	sale
senhoras	women's restroom
sim	yes
toilette	toilet
um momento, por favor	one moment, please
vende-se	for sale

DAYS, MONTHS, SEASONS

Sunday	Domingo	*doomeengo*
Monday	Segunda-feira	*segoonduh fay-ruh*
Tuesday	Terça-feira	*tairsuh fay-ruh*
Wednesday	Quarta-feira	*kwartuh fay-ruh*
Thursday	Quinta-feira	*keentuh fay-ruh*
Friday	Sexta-feira	*sayshtuh fay-ruh*
Saturday	Sábado	*sabadoo*
January	Janeiro	*janay-roo*
February	Fevereiro	*fuvray-roo*
March	Março	*marsoo*
April	Abril	*abreel*
May	Maio	*my-oo*
June	Junho	*joon-yoo*
July	Julho	*jool-yoo*
August	Agosto	*agoshtoo*
September	Setembro	*setembroo*
October	Outubro	*oh-toobroo*
November	Novembro	*noovembroo*
December	Dezembro	*dezembroo*
Spring	Primavera	*preema-vairuh*
Summer	Verão	*verowng*
Autumn	Outono	*otoh-noo*
Winter	Inverno	*eemvairnoo*
Christmas	Natal	*natahl*
Christmas Eve	Véspera de Natal	*veshpurruh duh natahl*
Good Friday	Sexta-feira Santa	*seshtuh fay-ruh santuh*
Easter	Páscoa,	*pahsh-kwuh-wuh,*
	Semana Santa	*seman-uh santuh*
New Year	Ano Novo	*ah-noo noh-voo*
New Year's Eve	Véspera de Ano	*veshpuh-ruh dah-noo*
	Novo	*noh-voo*

NUMBERS

0 zero *zairoo*
1 um *oom*
2 dois *doysh*
3 três *tresh*
4 quatro *kwatroo*

5 cinco *seeng-koo*
6 seis *saysh*
7 sete *set*
8 oito *oytoo*
9 nove *nov*

10 dez *desh*
11 onze *onz*
12 doze *doze*
13 treze *trez*
14 catorze *katorz*
15 quinze *keenz*
16 dezasseis/dezesseis (Braz) *dezassaysh/dez-eh-seh-is*
17 dezassete/dezessete (Braz) *dezaset/dez-eh-setee*
18 dezoito *dezoytoo*
19 dezanove/dezenove (Braz) *dezanov/dez-eh-noh-vee*
20 vinte *veent*
21 vinte e um *veent ee oom*
22 vinte e dois *veent ee doysh*
30 trinta *treentuh*
31 trinta e um *treentuh ee oom*
32 trinta e dois *treentuh ee doysh*
40 quarenta *kwarentuh*
50 cinquenta *seeng-kwentuh*
60 sessenta *sessentuh*
70 setenta *setentuh*
80 oitenta *oytentuh*
90 noventa *nooventuh*
100 cem *sayng*
110 cento e dez *sentoo ee desh*
200 duzentos *doozentoosh*
1,000 mil *meel*
1,000,000 um milhão *oom meel-yowng*

TIME

today	hoje	*oje*
yesterday	ontem	*ontayng*
tomorrow	amanhã	*amanyang*
the day before yesterday	anteontem	*antee-ontayng*
the day after tomorrow	depois de amanhã	*depoysh damanyang*
this week	esta semana	*eshtuh semah-nuh*
last week	a semana passada	*uh semah-nuh passah-duh*
next week	a semana que vem	*uh semah-nuh kuh vayng*
this morning	esta manhã	*eshtuh manyang*
this afternoon	esta tarde	*eshtuh tard*
this evening	esta noite	*eshtuh noyt*
tonight	esta noite	*eshtuh noyt*
yesterday afternoon	ontem à tarde	*ontayng ah tard*
tomorrow morning	amanhã de manhã	*amanyang duh manyang*
tomorrow night	amanhã à noite	*amanyang ah noyt*
in three days	dentro de três dias	*dentroo duh tresh dee-ush*
three days ago	há três dias	*ah tresh dee-ush*
late	tarde	*tard*
early	cedo	*seh-doo*
soon	em breve	*ayng brev*
later on	mais tarde	*mysh tard*
at the moment	neste momento	*nesht moomentoo*
second	segundo	*segoondoo*
minute	minuto	*meenootoo*
ten minutes	dez minutos	*desh meenootoosh*
quarter of an hour	um quarto de hora/ quinze minutos (*Braz*)	*oom kwartoo doruh/ king-zeh mee-noo-toes*

16

half an hour	meia hora	*may-yuh oruh*
three quarters of an hour	três quartos de hora/ quarenta e cinco minutos *(Braz)*	*tresh kwartoosh doruh/ cua-raing-tah eh seen-kow mee-noo-toes*
hour	a hora	*oruh*
day	o dia	*dee-uh*
week	a semana	*semah-nuh*
two weeks	a quinzena	*keenzaynuh*
month	o mês	*mesh*
year	o ano	*ah-noo*

TELLING TIME

In Portuguese you put the hour first when talking about minutes after the hour. Use the word **e** for "past" (e.g., 3:20 = **três e vinte** or "three and twenty"). For minutes to the hour the minutes come first. Use the word **para** for "to" (e.g., 6:40 = **vinte para as sete** or "twenty of seven"). The 24-hour clock is used officially in timetables and at information offices.

In Brazilian Portuguese you never use the word "quarter" when telling the time, instead you say fifteen to the hour or fifteen past the hour (e.g., 2:15 = **duas e quinze** and 2:45 = **quinze para as três**).

one o'clock	uma hora	*oomuh oruh*
ten past one	uma e dez	*oomuh ee desh*
quarter past one	uma e um quarto/ uma e quinze *(Braz)*	*oomuh ee oom kwartoo/oomuh ee king-zeh*
twenty past one	uma e vinte	*oomuh ee veent*
1:30	uma e meia	*oomuh ee may-yuh*
twenty to two	vinte para as duas	*veent prash doo-ush*
quarter to two	um quarto para as duas/quinze para as duas *(Braz)*	*oom kwartoo prash doo-ush/king-zeh pah-rah as doo-as*
ten to two	dez para as duas	*desh prash doo-ush*
two o'clock	duas horas	*doo-uz orush*

13:00 (1 PM)	treze horas	_trezee orush_
16:30 (4:30 PM)	dezasseis e trinta/	_dezassayz ee treentuh/_
	dezesseis e trinta _(Braz)_	_dez-eh-seh-is ee_
		treentuh
20:10 (8:10 PM)	vinte e dez	_veent ee desh_
at 5:30	às cinco e meia	_ash seeng-koo ee_
		may-yuh
at seven o'clock	às sete horas	_ash set orush_
noon	meio-dia	_may-yoo-dee-uh_
midnight	meia-noite	_may-yuh-noyt_

HOTELS

Portuguese hotels are classified one-star to five-star, in addition to which there are the following types of accommodations:

Estalagem: Luxury inn
Pousada: State-run inn, in a scenically beautiful area and often a building of historic interest
Residência: Boarding house
Pensão: Reasonably priced accommodations, usually a small, family-run concern (**pensão** in Brazil are usually very run-down and should be avoided)

USEFUL WORDS AND PHRASES

balcony	a varanda	*varanduh*
bathroom	a casa de banho/	*kah-zuh duh bahn-yoo/*
	o banheiro (*Braz*)	*bang-eh-roh*
bed	a cama	*kah-muh*
bedroom	o quarto	*kwartoo*
bill	a conta	*kontuh*
breakfast	o pequeno almoço/	*pekeh-noo almoh-soo/*
	o café da manhã (*Braz*)	*café dah mang-nya*
dining room	a sala de jantar	*sah-luh duh jantahr*
dinner	o jantar	*jantahr*
double room	o quarto de casal	*kwartoo duh kazal*
elevator	o ascensor/	*ash-sayng-sor/*
	o elevador (*Braz*)	*eh-lev-ah-door*
foyer	o foyer	*fwy-ay*
full board	pensão completa	*payng-sowng komplettuh*
half board	meia-pensão	*may-yuh payng-sowng*
hotel	o hotel	*oh-tell*
key	a chave	*shahv*
lounge	a sala	*sah-luh*
lunch	o almoço	*almoh-soo*
manager	o gerente	*jerrent*
reception	a recepção	*russepsowng*

receptionist	o recepcionista	*russepss-yooneeshtuh*
restaurant	o restaurante	*rushtoh-rant*
room	o quarto	*kwartoo*
room service	o serviço de quartos	*sur-veeso duh kwartoosh*
shower	a ducha	*doo-sha*
single room	o quarto individual/	*kwartoo eendeeveedwal/*
	o quarto de solteiro	*kwartoo duh sol teh-roh*
	(*Braz*)	
twin room	o quarto com duas	*kwartoo kong doo-ush*
	camas	*kah-mush*

Do you have any vacancies?
Têm vagas?
tay-ayng vah-gush

I have a reservation
Eu fiz uma reserva
eh-oo feez ooma rezairvuh

I'd like a single/double room
Queria um quarto individual/de casal
kree-uh oom kwartoo eendeeveedwal/duh kazal

(*Braz*) Queria um quarto de solteiro/de casal
kree-uh oom kwartoo sol-teh-roh/duh kazal

I'd like a twin room
Queria um quarto com duas camas
kree-uh oom kwartoo kong doo-ush kah-mush

I'd like a room with a restroom/balcony
Queria um quarto com casa de banho/com varanda
kree-uh oom kwartoo kong kah-zuh duh banhyoo/kong varanduh

(*Braz*) Queria um quarto com o banheiro/com varanda
kree-uh oom kwartoo kong bang-eh-roh/kong varanduh

I'd like a room for one night/three nights
Queria um quarto só por uma noite/três noites
kree-uh oom kwartoo soh poor oomuh noyt/poor tresh noytsh

What is the charge per night?
Qual é o preço por noite?
kwal eh oo preh-soo poor noyt

I don't know yet how long I'll stay
Ainda não sei quanto tempo vou ficar
ah-eenduh nowng say kwantoo tempoo voh feekahr

When is breakfast/dinner?
A que horas é o pequeno-almoço/o jantar?
uh kee oruz eh oo pekeh-noo almoh-soo/oo jantahr

(Braz) A que horas é o café da manhã/o jantar?
uh kee oruz eh oo café dah mang-nya/oo jantahr

Would you have my baggage brought up, please?
Pode-me levar a bagagem, por favor?
pod-muh luhvahr uh bagah-jayng, poor fuh-vor

Please call me at . . . o'clock
Chame-me, por favor, às . . . horas
shamuh-muh, poor fuh-vor, ash . . . orush

May I have breakfast in my room?
Posso tomar o pequeno almoço no quarto?
possoo toomahr oo pekeh-noo almoh-soo noo kwartoo

(Braz) Posso tomar o café da manhã no quarto?
possoo toomahr oo café dah mang-nya noo kwartoo

I'll be back at . . . o'clock
Volto às . . . horas
voltoo ash . . . orush

My room number is . . .
O número do meu quarto é o . . .
oo noomeh-roo doo meh-oo kwartoo eh oo

I'm leaving tomorrow
Vou-me embora amanhã
voh-muh emboruh amanyang

May I have the bill, please?
Pode-me dar a conta, por favor?
pod-muh dar uh kontuh, poor fuh-vor

Can you get me a taxi?
Pode-me chamar um taxi?
pod-muh shamahr oom taksee

Can you recommend another hotel?
Pode-me recomendar outro hotel?
pod-muh rekoomendahr oh-troo oh-tell

THINGS YOU'LL HEAR

Tenho muita pena, mas estamos cheios
(Braz) Sinto muito, mas estamos cheios
I'm very sorry, but we're full

Não temos quartos individuais
(Braz) Não temos quarto de solteiros
There are no single rooms left

Não há vagas
No vacancies

É favor pagar adiantado
Please pay in advance

Things You'll See

água fria	cold water
água quente	hot water
almoço	lunch
ascensor	elevator
banheira	bathtub
casa de banho/ banheiro (*Braz*)	restroom
conta	bill
dormida e pequeno almoço/ quarto e café da manhã (*Braz*)	bed and breakfast
ducha	shower
elevador	elevator
jantar	dinner
meia-pensão	half board
pensão completa	full board
pequeno almoço/ café da manhã (*Braz*)	breakfast
quarto com duas camas	twin room
quarto de casal	double room
quarto individual/ quarto de solteiro (*Braz*)	single room
recepção	reception
rés-do-chão/térreo (*Braz*)	ground floor
reserva	reservation
restaurante	restaurant
saída de emergência	emergency exit
telefone	telephone
telefonista	switchboard operator

CAMPING AND TRAILER TRAVEL

Portugal has campsites all along its coastline and especially near the most popular resorts. Sites can also be found inland. It is advisable to have an international campers' card, available from the Family Campers and RVers Association. Many sites require that such a card be shown, especially in the peak season. Youth hostels are open to members of the YHA (Youth Hostels Association), but in the peak season it is best to book in advance.

In contrast to Portugal, camping isn't widespread in Brazil, and there are very few organized campsites with facilities.

USEFUL WORDS AND PHRASES

backpack	a mochila	*moosheeluh*
bucket	o balde	*balduh*
camper	a rulote/o trailer *(Braz)*	*roolot/tray-ler*
campfire	a fogueira	*foogay-ruh*
go camping	ir acampar	*eer akampahr*
campsite	o parque de campismo	*park duh kampeej-moo*
cooking utensils	os utensílios de cozinha	*ootenseel-yoosh duh koozeennyuh*
drinking water	a água potável	*ahg-wuh pootah-vell*
garbage	o lixo	*leeshoo*
ground cloth	a lona impermeável	*lonnuh eempermee-ah-vell*
hitchhike	pedir boleia/ pedir carona *(Braz)*	*pedeer boolayyuh/ peh-deer ka-roh-nah*
rope	a corda	*korduh*
saucepans	as frigideiras	*freejeeday-rush*
sleeping bag	o saco de dormir	*sah-koo duh doormeer*
tent	a barraca	*ba-hak-er*
trailer	o reboque	*oo rehbok*
youth hostel	o albergue da juventude	*albairg duh jooventood*

Can I camp here?
Posso acampar aqui?
possoo akampahr akee

Can we park the camper here?
Podemos estacionar a rulote/o trailer (*Braz*) aqui?
poodeh-moosh shtass-yoonahr uh roolot/oh tray-ler akee

Where is the nearest campsite?
Onde fica o parque de campismo mais próximo?
onduh feekuh oo park duh kampeej-moo mysh prossimoo

What is the charge per night?
Qual é o preço por noite?
kwal eh oo preh-soo poor noyt

Can I light a fire here?
Posso acender aqui uma fogueira?
possoo assendair akee oomuh foogay-ruh

Where can I get . . . ?
Onde posso arranjar . . . ?
onduh possoo arranjahr

Is there drinking water here?
Há aqui água potável?
ah akee ahg-wuh pootah-vell

THINGS YOU'LL SEE OR HEAR

acampar	to camp
água potável	drinking water
albergue juvenil	youth hostel
barraca	tent
cartão	pass, identity card
casa de banho/ banheiro (*Braz*)	restroom
cobertor	blanket
cozinha	kitchen
ducha	shower
emprestar	lend
fogueira	fire
luz	light
manta	blanket
parque de campismo	campsite
pedir emprestado	borrow
proibido acampar	no camping
proibido fazer lume/ proibido fazer fogueira (*Braz*)	do not light fires
reboque	trailer
rulote/trailer (*Braz*)	camper
saco de dormir	sleeping bag
tarifa	charges
uso	use

DRIVING

More highways are being built in Portugal every year, but it should be noted that they all charge a toll. Substantial stretches already exist heading northward and southward from Lisbon. If not using a highway, it is advisable to use an EN (**Estrada Nacional**), since the secondary roads can be in poor shape. By European and American standards, Brazilian roads are not very well maintained. Some roads have recently been privatized, and tolls are now levied.

In Portugal, the rules of the road are: drive on the right, pass on the left. There are no yield signs such as there are in France, since all secondary roads give way to major routes at junctions and intersections. In the case of roads having equal status, or at unmarked junctions, traffic coming from the RIGHT has priority.

The speed limit on some highways is 120 km/h (75 mph), and on other highways 90 km/h (56 mph); otherwise, keep to the speed posted. In built-up areas the limit is 60 km/h (37 mph). Equipment to be carried at all times includes a spare tire and a flare in case of a breakdown or accident. Seat belts are compulsory. It is also compulsory to carry your driver's license and passport at all times.

Gas stations on highways are usually open 24 hours a day, but elsewhere they close late at night. Fuel ratings are as follows: two-star = **normal**, three-star = **super**, diesel fuel = **gasóleo**, unleaded = **sem chumbo**, leaded = **com chumbo**.

SOME COMMON ROAD SIGNS

aeroporto	airport
apagar os máximos/ apagar os faróis (*Braz*)	headlights off
atenção ao comboio/ atenção ao trem (*Braz*)	beware of the trains
bomba de gasolina	gas station

→

bus	bus lane
centro da cidade	town center
circule pela direita/esquerda	keep right/left
cruzamento	intersection
cruzamento perigoso	dangerous intersection
dar prioridade	give way
desvio	detour
escola	school
estação de serviço	service station
estacionamento proibido	no parking
fim de autoestrada/ fim de rodovia (Braz)	end of highway
garagem	garage
luzes de trânsito	traffic lights
norte	north
obras	road work
páre, olhe e escute	stop, look, and listen
parque de estacionamento/ área de estacionamento (Braz)	parking lot
passagem de nível	train crossing
passagem subterrânea	pedestrian underpass
peões/pedestre (Braz)	pedestrians
perigo	danger
portagem/pedágio (Braz)	toll
proibida a inversão de marcha	no U-turns
proibido ultrapassar	no passing
rua sem saída	dead end
semáforos	traffic lights
sentido proibido	no entry
sentido único	one-way street
vedado ao trânsito	road closed
veículos pesados	heavy vehicles
limite de velocidade	speed limit
zona azul	restricted parking zone

USEFUL WORDS AND PHRASES

brake	o travão/o freio (Braz)	travowng/freh-oh
breakdown	a avaria/enguiçar (Braz)	avaree-uh/en-gee-sah
camper	a rulote/o trailer (Braz)	roolot/tray-ler
car	o carro	karroo
drive (verb)	conduzir/	kondoozeer/
	dirigir (Braz)	dee-ray-sheer
engine	o motor	mootor
exhaust	o tubo de escape/	tooboo dushkap/
	o cano de descarga (Braz)	ka-noh deh des-kah-gah
fan belt	a correia da ventoínha/	kooreyyuh da ventoo-eenyuh/
	a correia do ventilador (Braz)	kooreyyuh doh vent-eh-lah-door
garage (for repairs)	a oficina	oh-feesseenuh
gas	a gasolina	gazooleenuh
gas station	a bomba da gasolina	bombuh duh gazooleenuh
gear	a mudança/	moodansuh/
	a marcha (Braz)	mah-shah
gears	as mudanças/	moodansush/
	as marchas (Braz)	mah-shahsh
headlights	os faróis máximos/	faroysh masseemoosh/
	os faróis (Braz)	faroysh
highway	a autoestrada/	owtoo-shtrahduh/
	a rodovia (Braz)	road-oh-veah
intersection	o cruzamento	kroozamentoo
junction (on highway)	o ramal da autoestrada/	ramal duh owtoo-shtrah-duh/
	o trevo (Braz)	treh-voh
license	a carta de condução/	kartuh duh kondoosowng/
	a carteira de motorista (Braz)	car-tay-rah deh mow-toe-rista
license plate	a matrícula	matree-kooluh

29

mirror	o espelho retrovisor	*shpell-yoo retroo-veezor*
motorcycle	a motocicleta	*motoo-see-klettuh*
road	a estrada	*shtrah-duh*
skid *(verb)*	patinar/derrapar *(Braz)*	*patee-nahr/dey-hap-ah*
spare parts	as peças sobresselentes/	*pessush sobruh-selentsh/*
	as peças sobressalentes *(Braz)*	*pessush soh-brey-sah-len-cheese*
speed	a velocidade	*veloossee-dahd*
speed limit	o limite de velocidade	*leemeet duh veloossee-dahd*
speedometer	o conta-quilómetros/	*kontuh-keelommetroosh/*
	o velocímetro *(Braz)*	*veh-loss-eh-men-toh*
steering wheel	o volante	*voolant*
taillights	as luzes de trás	*loozush duh garbage*
tire	o pneu	*pneh-oo*
tow *(verb)*	rebocar	*rebookahr*
traffic lights	os semáforos	*semaffooroosh*
truck	o camião/	*kam-yowng/*
	o caminhão *(Braz)*	*ka-mee-nowng*
trunk	o porta-bagagens	*portuh-bagah-jayngsh*
van	a furgoneta/	*foorgoonettuh/*
	a caminhonete *(Braz)*	*ka-meing-noh-nay-chee*
wheel	a roda	*rodduh*
windshield	o pára-brisas	*para-bree-zush*

I'd like some gas/oil/water
Queria gasolina/óleo/água
kree-uh gazooleenuh/oll-yoo/ahg-wuh

Fill her up, please!
Encha o depósito/o tanque *(Braz)*, por favor
enshuh oo depozeetoo/oo tang-key, poor fuh-vor

I'd like 5000 escudos worth of gas
Queria cinco mil escudos de gasolina, por favor
kree-uh seeng-koo meel shkoodosh duh gazooleenuh, poor fuh-vor

(Braz) Queria cinco reais de gasolina, por favor
kree-uh seeng-koo heh-ice duh gazooleenuh, poor fuh-vor

Would you check the tires, please?
Podia verificar os pneus, por favor?
poodee-uh veree-feekar oosh pneh-oosh, poor fuh-vor

Where is the nearest garage (for repairs)?
Onde é a oficina mais próxima?
ondeh uh oh-feesseenuh mysh prosseemuh

How do I get to . . . ?
Como é que se vai para . . . ?
koh-moo eh kuh suh vye par-uh

Is this the road to . . . ?
É este o caminho para . . . ?
eh esht oo kameen-yoo par-uh

Do you do repairs?
Fazem reparações/consertos (Braz)?
fah-zayng reparruh-soyngsh/con-sir-toes

Can you repair the clutch?
Pode-me arranjar a embraiagem?
pod-muh arranjahr uh embry-ah-jayng

(Braz) Pode consertar a embreagem?
poh-gee con-sir-tah ah em-bri-ah-sheng

How long will it take?
Quanto tempo vai demorar?
kwantoo tempoo vye demoorahr

There is something wrong with the engine
O motor não está bom
oo mootor nowng shtah bong

The engine is overheating
O motor está a aquecer demais
oo mootor shtah akussair duh-mysh

(Braz) O motor está esquentando muito
oo mootor shtah es-ken-tan-doo mooing-toe

I need a new tire
Preciso de um pneu novo
prusseezoo doom pneh-oo noh-voo

I'd like to rent a car
Queria alugar um carro
kree-uh aloogahr oom karroo

Where can I park?
Onde posso estacionar?
onduh possoo shtass-yoonahr

Can I park here?
Posso estacionar aqui?
possoo shtass-yoonahr akee

DIRECTIONS YOU MAY BE GIVEN

à direita	on the right
à esquerda	on the left
a primeira à direita	first on the right
a segunda à esquerda	second on the left
dê a volta a ...	go round the . . .
depois do/da ...	after the . . .
em frente	straight ahead
na esquina	at the corner
vire à direita	turn right
vire à esquerda	turn left

THINGS YOU'LL SEE OR HEAR

acidente	accident
bate-chapas	bodywork repairs
bicha/fila (*Braz*)	line
engarrafamento	traffic jam
pneu furado	puncture
gasóleo/diesel (*Braz*)	diesel
gasolina	gas
gasolina normal	two-star
gasolina super	three-star
nível do óleo	oil level
óleo	oil
pressão dos pneus	tire pressure
saída	exit

TRAIN TRAVEL

Portuguese trains are quite fast, and fares are relatively low when compared with the rest of Europe. There are first and second class facilities, and you are advised to book in advance because of high demand. On some routes, CP (the abbreviation for the national railroad company) will offer car transportation.

In Brazil, rail travel is not a major mode of transportation. The train called the dourado is a night train that runs between São Paulo and Rio de Janeiro, and is a very pleasant trip. The main types of trains are:

Automotora:	Small, fast diesel train on local routes
Correio:	Twice-daily mail train on long-distance routes; also takes passengers
Foguete:	Express train from Lisbon to Oporto
Lusitânia-Express:	Lisbon to Madrid luxury express
Rápido:	Direct intercity train
Sud-Express:	Lisbon to Paris express in 24 hours
TER:	Lisbon to Madrid express. You have to pay a supplementary fare on this fast, comfortable, and air-conditioned diesel train.

USEFUL WORDS AND PHRASES

baggage cart	o carrinho das bagagens	*kareen-yoo dush bagah-jayngsh*
baggage van	a furgoneta das bagagens/ o vagão das bagagens (Braz)	*foorgoonettuh dush bagah-jayngsh/ vah-gow dush bagah-jayngsh*
buffet	a pastelaria	*pashtulluh-ree-uh*

carriage	a carruagem	*karwah-jayng*
compartment	o compartimento	*kompartee-mentoo*
connection	a ligação	*leegassowng*
currency exchange	o câmbio	*kamb-yoo*
dining car	a carruagem restaurante	*karwah-jayng rushtoh-rant*
emergency cord	o alarme	*alarm*
engine	a locomotiva	*lookoomooteevuh*
entrance	a entrada	*entrah-duh*
exit	a saída	*sa-ee-duh*
first class	primeira classe	*preemay-ruh klass*
get in	entrar	*entrahr*
get out	sair	*sah-eer*
guard	o guarda	*gwar-duh*
lost and found	perdidos e achados	*perdeedooz ee ashah-doosh*
one-way ticket	o bilhete simples	*beel-yet seemplush*
platform	a plataforma	*plataformuh*
rail	o carril/	*kareel/*
	o trilho *(Braz)*	*tre-lee-oh*
railroad	o caminho de ferro/ a estrada de ferro *(Braz)*	*kameenyoo duh ferroo/ es-trah-dah duh ferroo*
reserved seat	o lugar reservado	*loogar rezairvah-doo*
restaurant car	a carruagem restaurante	*karwah-jayng rushtoh-rant*
round-trip ticket	o bilhete de ida e volta	*beel-yet duh eeduh ee voltuh*
seat	o lugar	*loogar*
second class	segunda classe	*segoonduh klass*
sleeper car	a carruagem cama	*karwah-jayng kah-muh*
station	a estação	*shtassowng*
station master	o chefe da estação	*sheff dushtassowng*
ticket	o bilhete/	*beel-yet/*
	a passagem *(Braz)*	*pah-sah sheng*
ticket collector	o revisor	*rehvvee-zor*
ticket office	a bilheteira	*beel-yuh-tay-ruh*

35

timetable	o horário	*oh-r**a**r-yoo*
tracks	as linhas férreas	*l**ee**n-yush f**e**rr-yush*
train	o comboio/	*komb**o**yoo/*
	trem *(Braz)*	*train*
waiting room	a sala de espera	*s**a**h-luh duh shp**ai**ruh*
window	a janela	*jan**e**lluh*

When does the train for . . . leave?
A que horas parte o comboio/trem *(Braz)* para . . . ?
*ah-kee **o**rush part oo komb**o**yoo/train p**a**r-uh*

When does the train from . . . arrive?
A que horas chega o comboio/trem *(Braz)* de . . . ?
*ah kee **o**rush sh**e**gguh oo komb**o**yoo/train duh*

When is the next train to . . . ?
A que horas parte o próximo comboio/trem *(Braz)* para . . . ?
*ah kee **o**rush part oo pr**o**sseemoo komb**o**yoo/train p**a**r-uh*

When is the first/last train to . . . ?
A que horas parte o primeiro/último comboio para . . . ?
*ah kee **o**rush part oo preem**a**y-roo/**oo**lteemoo komb**o**yoo p**a**r-uh*

(Braz) A que horas parte o primeiro/último trem para . . . ?
*ah kee **o**rush part oo preem**a**y-roo/**oo**lteemoo train p**a**r-uh*

What is the fare to . . . ?
Qual é o preço para . . . ?
*kwal eh oo pr**e**h-soo p**a**r-uh*

Do I have to change?
Tenho de mudar?
*t**e**n-yoo duh mood**a**hr*

Does the train stop at . . . ?
O comboio/trem *(Braz)* pára em . . . ?
*oo komb**o**yoo/train p**a**h-ruh ayng*

How long does it take to get to . . . ?
Quanto tempo demora a chegar a . . . ?
kwantoo tempoo demoruh uh sheggahr uh

A one-way ticket to . . .
Um bilhete para . . .
oom beel-yet par-uh

A round-trip ticket to . . .
Um bilhete de ida e volta para . . .
oom beel-yet duh eeduh ee voltuh par-uh

Do I have to pay a supplement?
Tenho que pagar suplemento?
ten-yoo kuh pagahr sooplementoo

I'd like to reserve a seat
Queria reservar um lugar
kree-uh rezairvahr oom loogahr

Could I have a window seat?
Há um lugar à janela?
ah oom loogar ah janelluh

Is this the right train for . . . ?
É este o comboio/trem (*Braz*) para . . . ?
eh esht oo komboyoo/train par-uh

Is this the right platform for the . . . train?
O comboio/trem (*Braz*) para . . . sai desta plataforma?
oo komboyoo/train par-uh . . . sye deshtuh plataformuh

Which platform for the . . . train?
De que plataforma sai o comboio/trem (*Braz*) para . . . ?
duh kuh plataformuh sye oo komboyoo/train par-uh

Is the train late?
O comboio/trem (Braz) está atrasado?
oo komboyoo/train shtah atrazah-doo

Could you help me with my baggage, please?
Pode-me ajudar com a minha bagagem, por favor?
pod-muh ajoodahr kong uh meen-yuh bagah-jayng, poor fuh-vor

Is this a nonsmoking compartment?
Este é um compartimento para não fumadores/fumantes (Braz)?
esht eh oom komparteementoo par-uh nowng foomadorush/
  fuh-man-chees

Is this seat free?
Este lugar está livre?
esht loogar shtah leevruh

This seat is taken
Este lugar está ocupado
esht loogar shtah oh-koopah-doo

I have reserved this seat
Este lugar está reservado
esht loogar shtah rezairvah-doo

May I open/close the window?
Posso abrir/fechar a janela?
possoo abreer/fushar uh janelluh

When do we arrive in . . . ?
A que horas chegamos a . . . ?
uh kee orush shugah-mooz uh

What station is this?
Que estação é esta?
kuh shtassowng eh eshtuh

How long do we stop here?
Por quanto tempo paramos aqui?
poor kwantoo tempoo paruh-mooz ah-kee

Do we stop at . . . ?
Paramos em . . . ?
paruh-mooz ayng

Would you keep an eye on my things for a moment?
Pode guardar/vigiar (*Braz*) a minha bagagem por uns instantes?
pod gwardahr/vij-ee-ah uh meen-yuh bagah-jayng poor oonz eenshtantsh

Is there a restaurant car on this train?
Este comboio/trem (*Braz*) tem carruagem restaurante?
esht kombqyoo/train tayng karwah-jayng rushtoh-rant

THINGS YOU'LL SEE OR HEAR

atenção	attention
atrasado	delayed
bagagem	baggage
bilhete de gare	platform ticket
bilheteira	ticket office
câmbios	currency exchange
chefe da estação	station master
chegadas	arrivals
CP (Comboios de Portugal)	Portuguese National Railroads
depósito de bagagens	baggage room
dias de semana	weekdays
dias verdes	inexpensive travel days
domingos e feriados	Sundays and public holidays
entrada	entrance
excepto aos domingos	Sundays excepted

→

39

fumadores/fumantes (*Braz*)	smokers
horário	timetable
informações	information
malas	suitcases
multa por uso indevido	penalty for misuse
ocupado	occupied
partidas	departures
passageiro	passenger
plataforma	platform
proibida a entrada	no entry
proibido fumar	no smoking
quiosque	newsstand
reserva de lugares	seat reservation
revisor	ticket collector
saída	exit
sala de espera	waiting room
sinal de alarme	emergency alarm
suplemento	supplement
vagão	carriage

AIR TRAVEL

Major international airlines provide services to Portugal, flying direct to such important centers as Oporto, Faro, and Funchal in Madeira as well as to Lisbon. It is on the domestic flights, and at terminals, that you might need to know some Portuguese.

You can reach Brazil by air from most countries, but flights usually arrive in either São Paulo or Rio de Janeiro. However, Brazil does have good internal flight connections.

USEFUL WORDS AND PHRASES

aircraft	o avião	av-_yo_wng
airline	a companhia aérea	kompan-_yee_-uh ah-_air_-yuh
airport	o aeroporto	ah-airoo-_por_too
airport shuttle	o autocarro do aeroporto/ o ônibus do aeroporto (Braz)	owtoo-_ka_rroo doo ah-airoo-_por_too/ onee-boos doo ah-airoo-_por_too
aisle	a coxia/ o corredor (Braz)	koo_shee_-uh/ ko-he-_door_
arrival	a chegada	shuh-_gah_-duh
baggage claim	a reclamação de bagagens/ o recebimento de bagagens (Braz)	reklamass_ow_ng duh bag_ah_-jayngsh/ re-seb-eh-_men_-toh duh bag_ah_-jayngsh
boarding pass	o cartão de embarque	kart_ow_ng daym-b_ar_k
check in (noun)	o check-in	ch_e_ck-in
check-in desk	o balcão de check-in	balk_ow_ng duh ch_e_ck-in
delay	o atraso	atr_ah_ zoo
departure	a saída	sa-_ee_-duh
departure lounge	a sala de embarque	s_ah_-luh daym-b_ar_k
emergency exit	a saída de emergência	sah-_ee_duh duh eemer-_je_nss-yuh

flight	o vôo	*voh-oo*
flight attendant		
(female)	a hospedeira/	*oshpeday-ruh/*
	aeromoça *(Braz)*	*eh-row-mow-sa*
(male)	o comissário de	*koomeesar-yoo duh*
	bordo	*bordoo*
flight number	o número de vôo	*noomeroo duh voh-oo*
gate	a porta de embarque/	*portuh daym-bark/*
	o portão de	*paw-towng*
	embarque *(Braz)*	*daym-bark*
jet	o avião a jacto/	*av-yowng uh jattoo/*
	o avião a jato *(Braz)*	*av-yowng uh ja-toe*
land *(verb)*	aterrar/	*aterrar/*
	aterrizar *(Braz)*	*ah-te-he-zar*
passport	o passaporte	*passuh-port*
passport control	o controlo de	*kontrol duh*
	passaportes/	*passuh-portsh/*
	o controle de	*cong-trow-lee*
	passaportes *(Braz)*	*duh passuh-portsh*
pilot	o piloto	*peeloh-too*
runway	a pista	*peesh-tuh*
seat	o lugar	*loogar*
seat belt	o cinto de	*seentoo duh*
	segurança	*segooransuh*
take off *(verb)*	descolar/	*deshkoolar/*
	decolar *(Braz)*	*deh-col-lar*
window	a janela	*janelluh*
wing	a asa	*uh-zuh*

When is there a flight to . . . ?
Quando é que há um vôo para . . . ?
kwandoo eh kee ah oom voh-oo par-uh

What time does the flight to . . . leave?
A que horas parte o vôo para . . . ?
uh kee orush part oo voh-oo par-uh

Is it a direct flight?
É um vôo directo/direto (Braz)?
eh oom voh-oo deeretoo/deh-eto

Do I have to change planes?
Tenho que fazer transbordo?
ten-yoo kuh fazair tranj-bordoo

(Braz) Tenho que trocar de avião?
ten-yoo kuh tro-car deh ah-veh-owng

When do I have to check in?
A que horas tenho que fazer o check-in?
uh kee orush ten-yoo kuh fazair oo check-in

I'd like a single/round-trip ticket to . . .
Queria um bilhete simples/um bilhete de ida e volta para . . .
kree-uh oom beel-yet seemplush/oom beel-yet duh eeduh e volta par-uh

I'd like a nonsmoking seat, please
Queria um lugar na secção de não fumadores, por favor
kree-uh oom loogar nuh sekssowng duh nowng-foomadorush, poor fuh-vor

(Braz) Queria um lugar na seção de não fumantes, por favor
kree-uh oom loogar nuh seh-sowng duh nowng-fuh-man-chees, poor fuh-vor

I'd like a window seat, please
Queria um lugar à janela, por favor
kree-uh oom loogar ah janellah, poor fuh-vor

How long will the flight be delayed?
Quanto tempo é que o vôo está atrasado?
kwantoo tempoo eh kee oo voh-oo shtah atrazah-doo

Is this the right gate for the . . . flight?
É esta a porta de embarque para o vôo de . . . ?
eh esht uh portuh daym-bark par-uh oo voh-oo duh

(*Braz*) É aqui o portão de embarque para o vôo de . . . ?
eh ah-key oh paw-towng daym-bark par-uh oo voh-oo duh

When do we arrive in . . . ?
A que horas chegamos a . . . ?
uh kee orush shugah-mooz uh

May I smoke now?
Posso fumar agora?
possoo foomahr agoruh

I do not feel very well
Não me sinto muito bem
nowng muh seentoo mweentoo bayng

THINGS YOU'LL SEE OR HEAR

alfândega	customs
apertar os cintos de segurança	fasten seat belts
asa	wing
aterragem/ aterrissagem (*Braz*)	landing
aterragem de emergência/ aterrissagem de emergência (*Braz*)	emergency landing
avião	aircraft
comandante	captain
comissário de bordo	steward
controlo de passaportes/ controle de passaportes (*Braz*)	passport control
coxia/corredor (*Braz*)	aisle
descolagem/decolagem (*Braz*)	take-off
escala	intermediate stop
hora local	local time
hospedeira/aeromoça (*Braz*)	flight attendant (female)
informações	information
janela	window
não fumadores/ não fumantes (*Braz*)	nonsmokers
não fumar	no smoking
passageiros	passengers
pista	runway
porta de embarque/ portão de embarque (*Braz*)	gate
saída de emergência	emergency exit
tripulação	crew
velocidade	speed
vôo directo/vôo direto (*Braz*)	direct flight
vôo fretado	charter flight
vôo regular/ponte aérea (*Braz*)	scheduled flight

BUS, SUBWAY, AND BOAT TRAVEL

The major Portuguese cities have good bus systems. On most buses you pay the driver as you enter. Since there is generally a flat fare, it is less expensive to buy a book of tickets called a **caderneta de módulos**. Multitrip passes for tourists (**passes turisticos**) and monthly passes (**passes sociais**) are also available. In Brazil, buses are the main form of transportation, with good connections and frequent services.

There is an excellent long-distance bus system that serves all of Portugal, covering the gaps in the railroad system and giving a better connecting service between cities. The buses are comfortable and fast and have facilities such as video and air-conditioning (essential in a hot climate).

Lisbon's subway system is called the **metro**. Again, a flat fare is in operation and you can buy a **caderneta** (book of ten tickets) or a seven-day ticket (**passe**) giving unlimited travel.

Lisbon also has a trolley system covering most of the city. The same **caderneta** used on buses is also valid for use on trolleys.

Boats connect both sides of the Tagus River in Lisbon, carrying cars and pedestrians. Another feature of the city is the **elevadores** (elevators) taking people up the steep hills.

USEFUL WORDS AND PHRASES

adult	o adulto	_adooltoo_
boat	o barco	_barkoo_
bus	o autocarro/	_owtoo-karroo/_
	ônibus (*Braz*)	_onee-boos_
bus stop	a paragem do	_parrah-jayng doo_
	autocarro/	_owtoo-karroo/_
	o ponto de	_pon-toh deh onee-boos_
	ônibus (*Braz*)	
child	a criança	_kree-ansuh_
conductor	o cobrador	_kobruh-dor_
connection	a conexão	_con-ex-owng_
cruise	o cruzeiro	_kroozay-roo_

docks	o cais	kysh
driver	o condutor/	kondootor/
	o motorista (Braz)	mow-toe-rees-tah
fare	o preço (da passagem)	pre-sow (dah pa-sah sheng)
ferry	a balsa	bow-el-sa
lake	o lago	lah-goo
number 5 bus	o autocarro número cinco/	owtoo-karroo noomeroo seeng-koo/
	o ônibus número cinco (Braz)	onee-boos noomeroo seeng-koo
passenger	o passageiro	passajay-roo
port	o porto	portoo
river	o rio	ree-oo
sea	o mar	mar
seat	o lugar	loogar
ship	o barco	barkoo
station	a estação	shtassowng
subway	o metro	metroo
terminal	o terminal	termee-nal
ticket	o bilhete/	beel-yet/
	a passagem (Braz)	pah-sah-sheng
transit system map	o mapa	mah-puh

Where is the nearest subway station?
Onde é a estação de metro mais próxima?
ondeh uh shtassowng duh mehtroo mysh prosseemuh

Where is the bus station?
Onde é a estação dos autocarros?
ondeh uh shassowng dooz owtoh-karroosh

(Braz) Onde é a estação rodoviária?
ondeh uh ah row-doh-vey-ah-rey-ah

Where is there a bus stop?
Onde é que há uma paragem do autocarro?
ondeh kee ah oomuh parah-jayng dowtoo-karroo

(*Braz*) Onde é o ponto de ônibus?
ondeh eh oh pon-toh deh onee-boos

Which buses go to . . . ?
Que autocarros vão para . . . ?
kee owtoh-karroosh vowng par-uh

(*Braz*) Que ônibus vai para . . . ?
kee onee-boos viy par-uh

How often do the buses to . . . run?
De quanto em quanto tempo é que há autocarros para . . . ?
duh kwantoo ayng kwantoo tempoo eh kee ah owtoh-karroosh par-uh

(*Braz*) De quanto em quanto tempo passa o ônibus para . . . ?
duh kwantoo ayng kwantoo tempoo pah-sah oh onee-boos pa-rah

Would you tell me when we get to . . . ?
Avisa-me quando chegarmos a . . . ?
aveezuh-muh kwandoo shegarmooz uh

Do I have to get off yet?
Já tenho que sair?
jah tenyo kuh sah-eer

How do you get to . . . ?
Como é que se vai para . . . ?
koh-moo eh kuh suh vye par-uh

Is it very far?
É muito longe?
eh mweentoo lonj

I want to go to . . .
Quero ir para . . .
kairoo eer par-uh

Do you go near . . . ?
Passa perto de . . . ?
passuh pairtoo duh

Where can I buy a ticket?
Onde posso comprar um bilhete?
onduh possoo komprar oom beel-yet

Please close/open the window
Não se importa de fechar/abrir a janela, por favor
nowng seemportuh duh fushar/abreer uh janelluh, poor fuh-vor

Could you help me get a ticket?
Pode-me ajudar a comprar um bilhete?
pod-muh ajoodar uh komprar oom beel-yet

When does the last bus leave?
A que horas parte o último autocarro/ônibus (Braz)?
uh kee orush part oo oolteemoo owtoh-karroo/onee-boos

THINGS YOU'LL SEE OR HEAR

adultos	adults
bilhete/passagem (*Braz*)	ticket
caderneta (de módulos)	book of tickets
cheio	full
condutor/motorista (*Braz*)	driver
crianças	children
descer	to get off
entrada	entrance
lugar	seat
lugar reservado	reserved seat
módulo	ticket (in book)
mostrar	to show
mudar	to change
obliterador	ticket-stamping machine
pagar	to pay
paragem do autocarro/ ponto de ônibus (*Braz*)	stop
passe social	pass
picar o bilhete	stamp/punch your ticket
proibido fumar	no smoking
quebrar em caso de emergência	break in case of emergency
revisor	ticket inspector
saída	exit
saída de emergência	emergency exit
troco	change (money)

RESTAURANTS

Portugal offers a variety of places to eat:

Café: A general café that sells all kinds of food and drinks and is well worth trying for a quick snack. Full meals are also often available.

Churrascaria: A restaurant specializing in barbecued dishes.

Confeitaria (*Braz*): A bakery/café that sells bread and cakes, and also serves snacks, juices, milkshakes, and coffee.

Esplanada: Sidewalk café

Lanchonete (*Braz*): A café specializing in sandwiches and snacks, that also serves cakes and desserts.

Pastelaria: A bakery that also serves tea, coffee, beer, sandwiches, and light snacks. In Brazil, this is a place specializing in **pasteis** (savory pastries with fillings) and other snacks, but not cakes or sweet pastries.

Restaurante: Restaurant

Snack-bar: A combined café, bar, and restaurant. Service is provided at the counter or, for a little extra, at a table. There is usually a variety of fixed price menus at reasonable prices (look for **pratos combinados**).

USEFUL WORDS AND PHRASES

beer	a cerveja	*servay-juh*
bill	a conta	*kontuh*
bottle	a garrafa	*garrah-fuh*
bowl	a tigela	*teejelluh*
cake	o bolo	*boh-loo*
chef	o cozinheiro	*koozeen-yay-roo*
coffee	o café	*kuffeh*
cup	a chávena/a xícara *(Braz)*	*shavenuh/she-ka-rah*
fork	o garfo	*garfoo*
glass	o copo	*kopoo*
knife	a faca	*fah-kuh*
menu	a ementa/o cardápio *(Braz)*	*eementuh/car-dap-eo*
milk	o leite	*layt*
napkin	o guardanapo	*gwarduh-napoo*
plate	o prato	*prah-too*
receipt	o recibo	*russeeboo*
restaurant	o restaurante	*rushtoh-rant*
sandwich	a sandes/	*sandj/*
	o sanduíche *(Braz)*	*sand-weech-eh*
snack	a refeição ligeira/	*refay-sowng leejayruh/*
	o lanche *(Braz)*	*lang-sheh*
soup	a sopa	*sohppuh*
spoon	a colher	*kool-yair*
sugar	o açúcar	*assookar*
table	a mesa	*mezuh*
tea	o chá	*sha*
teaspoon	a colher de chá	*kool-yair duh sha*
tip	a gorjeta	*goorjetuh*
waiter	o empregado de mesa/	*empregah-doo duh mezuh/*
	a garçom *(Braz)*	*gah-song*
waitress	a empregada de mesa/	*empregah-duh duh mezuh/*
	a garçonete *(Braz)*	*gah-song-etche*
water	a água	*ahg-wuh*
wine	o vinho	*veenyoo*
wine list	a lista dos vinhos	*leeshtuh doosh veenyoosh*

A table for one, please
Uma mesa para uma pessoa, por favor
oomuh mezuh par-uh oomuh pessoh-uh, poor fuh-vor

A table for two/three, please
Uma mesa para duas/três pessoas, por favor
oomuh mezuh par-uh doo-ush/tresh pessoh-ush, poor fuh-vor

May we see the menu, please?
Pode trazer a ementa/o cardápio (*Braz*), por favor?
pod trazair uh eementuh/oh car-dap-eo, poor fuh-vor

May we see the wine list, please?
Pode trazer a lista dos vinhos, por favor?
pod trazair uh leeshtuh doosh veenyoosh, poor fuh-vor

What would you recommend?
O que é que nos aconselha?
oo kee eh kuh nooz akonsell-yuh

I'd like . . .
Queria . . .
kree-uh

Just a cup of coffee, please
Só um café, por favor
soh oom kuffeh, poor fuh-vor

Waiter!/Waitress!
Se faz favor!
suh fash fuh-vor

(*Braz*) Garçom! Garçonete!
Gar-song! Gar-song-etche!

May we have the bill, please?
Pode trazer a conta, por favor?
pod trazair uh kontuh, poor fuh-vor

I only want a snack
Só quero uma refeição ligeira
soh kairoo oomuh ruffay-sowng leejay-ruh

(Braz) Só quero lanchar
soh kairoo lang-shah

Is there a fixed price menu?
Têm ementa turística?
tay-ayng eementuh tooreeshtee-kuh

(Braz) Qual o prato do dia?
kwal oh prato doh dea

I didn't order this
Eu não pedi isto
eh-oo nowng pedee eeshtoo

May we have some more . . . ?
Pode trazer mais . . . ?
pod trazair mysh

The meal was very good, thank you
A comida estava óptima/ótima *(Braz)*, obrigado
uh koomeeduh shtah-vuh ottimmuh/oh-ti-moh, obgrigah-doo

My compliments to the chef!
Parabéns ao chefe!
parabaynz ow shef

MENU GUIDE

abacate	avocado
açorda de alho	thick bread soup with garlic
açorda de marisco	thick bread soup with shellfish
açúcar	sugar
aguardentes bagaceiras	grape brandies
aguardentes velhas e preparadas	aged brandies
aipo	celery
alcachofras	artichokes
alface	lettuce
alho	garlic
alho francês	leek
almôndegas	meatballs
alperches	apricots
amêijoas	clams
amêijoas à Bulhão Pato	clams with cilantro, onion, and garlic
amêijoas na cataplana	clams in a sweet tomato sauce
ameixas	plums
ameixas de Elvas	dried plums from Elvas
amêndoa amarga	bitter almond drink
amêndoas	almonds
à moda de . . .	in the style of . . .
ananás	pineapple
anchovas	anchovies
ao natural	plain
aperitivo	aperitif
arroz árabe	fried rice with dried nuts and fruit
arroz à valenciana	rice with chicken, pork, and seafood
arroz branco	plain rice
arroz de cabidela	rice with bird's blood
arroz de frango	chicken with rice
arroz de marisco	rice with shellfish
arroz de pato	duck with rice
arroz doce	sweet rice dessert
atum	tuna
avelãs	hazelnuts
azeitonas	olives

bacalhau à Brás	cod with egg and potatoes
bacalhau à Gomes de Sá	fried cod with onions, boiled potatoes, and eggs
bacalhau assado	grilled cod
bacalhau à Zé do Pipo	cod in egg sauce
bacalhau com natas	cod with cream
bacalhau dourado	baked cod
bacalhau na brasas	barbecued cod
banana flambée	banana flambé
batata assada	baked potato
batata murro	small baked potato
batata palha	thinly cut French fries
batatas	potatoes
batatas cozidas	boiled potatoes
batatas fritas	French fries
batatas salteadas	boiled potatoes in butter sauce
batido de chocolate/ batida de chocolate (Braz)	chocolate milk shake
batidos/batida (Braz)	milk shakes
batidos de fruta/ batida de fruta (Braz)	fruit milk shakes
bavaroise	dessert made with egg whites and cream
bem passado	well done
berbigão	clam-like shellfish
beringelas	eggplant
besugos	sea bream (fish)
beterraba	beet
bica	small black coffee
bifanas	pork slice in a roll
bife	steak
bife à cortador	thick, tender steak
bife de alcatra	rump steak
bife de atum	tuna steak
bife de javali	wild boar steak
bife de pojadouro	top round steak
bife de vaca (com ovo a cavalo)	steak (with an egg on top)
bife grelhado	grilled steak
bifes de cebolada	steak with onions
bifes de peru	turkey steaks
bife tártaro	steak tartare

bifinhos de porco	small slices of pork
bifinhos na brasa	small slices of barbecued beef
bola de carne	meatball cooked in dough
bolo de amêndoa	almond cake
bolo de chocolate	chocolate cake
bolo de nozes	walnut cake
bolo inglês	sponge cake containing dried fruit
bolo Rei	ring-shaped cake eaten at Christmas
bolos	cakes
borrego à moda do Minho	marinated lamb in the Minho style
branco	white
broas	corn cakes
cachorros/cachorro quente (*Braz*)	hot dogs
café	coffee
café com pingo	espresso coffee with a touch of milk
café duplo	double espresso
café glacé	iced coffee
caldeirada	fish stew
caldo de aves	bird soup
caldo de carne	meat soup
caldo verde	cabbage soup
camarões	large shrimp
canela	cinnamon
canja de galinha	chicken soup
caracóis	snails
caranguejos	crabs
carapaus de escabeche	marinated mackerel
carapaus fritos	fried mackerel
caril	curry
carioca	small weak black coffee
carne à jardineira	meat and vegetable stew
carne de porco com amêijoas	pork with clams
carne de vaca assada	roast beef
carne de vaca guisada	stewed beef
carne estufada	stewed meat
carneiro	mutton
carnes	meats
carnes frias	selection of cold meats
castanhas	chestnuts
cerejas	cherries

cerveja	beer
cerveja branca	lager
cerveja preta	ale
chá de limão	lemon tea
chá de mentol	mint tea
chanfana de porco	pork casserole
chantilly	whipped cream
chocolate glacé	iced chocolate
chocolate quente	hot chocolate
chocos	cuttlefish
chouriço	spiced sausage
choux	cream puff
churros	long, tube-shaped fritters
cidra	cider
cimbalino	espresso coffee
civet lebre	jugged hare
cocktail de camarão	shrimp cocktail
codorniz	quail
codornizes fritas	fried quail
coelho à caçadora	rabbit casserole with rice
coelho de fricassé	rabbit fricassee
coelho frito	fried rabbit
cogumelos	mushrooms
cogumelos com alho	mushrooms with garlic
compota	stewed fruit
conquilhas	baby clams
coração	heart
corações de alcachofra	artichoke hearts
corvina	large sea fish
costeletas	chops
costeletas de carneiro	lamb chops
costeletas de porco	pork chops
costeletas fritas	fried chops
costeletas grelhadas	grilled chops
zucchini com creme no forno	baked zucchini with cream
zucchini fritas	fried zucchini
couve branca com vinagre	white cabbage with vinegar
couve-flor	cauliflower
couve-flor com molho branco no forno	cauliflower cheese
couve-flor com natas	cauliflower with cream

couve roxa	red cabbage
couvert	cover charge
couves de bruxelas	Brussels sprouts
couves de bruxelas com natas	Brussels sprouts with cream
couves de bruxelas salteadas	Brussels sprouts in butter sauce
couves guisadas com salsichas	stewed cabbage and sausage
cozido à portuguesa	Portuguese stew (with chicken, sausage, etc.)
creme de marisco	cream of shellfish soup
crepe de camarão	shrimp crêpe
crepe de carne	meat crêpe
crepe de cogumelos	mushroom crêpe
crepe de espinafres	spinach crêpe
crepe de legumes	vegetable crêpe
crepes	crêpes
crepe suzette	crêpe suzette
croquettes	meat croquettes
doce	any dessert, jam, dessert made from eggs and sugar
doce de amêndoa	almond dessert
doce de ovos	custard-like dessert made from eggs and sugar
dourada	dory (sea fish)
éclair de chantilly	whipped cream éclair
éclairs de café	coffee éclairs
éclairs de chocolate	chocolate éclairs
ementa	menu
empadão de carne	large meat pie
empadão de peixe	large fish pie
encharcada	dessert made of almonds and eggs
enguias	eels
enguias fritas	fried eels
ensopado de borrego	lamb stew
ensopado de enguias	eel stew
entradas	appetizers
entrecosto	entrecôte
entrecosto com amêijoas	entrecôte with clams
entrecosto frito	fried entrecôte
ervilhas	peas

ervilhas com ovos	stewed peas with poached eggs and bacon
ervilhas rebocadas	peas in butter sauce with bacon
escalope	scallop
escalope ao Madeira	scallop with Madeira wine
escalope de carneiro	mutton scallop
escalope de porco	pork scallop
escalope panado	breaded scallop
espargos	asparagus
esparguete à bolonhesa	spaghetti bolognese
esparregado	pureed spinach
espetada de leitão	suckling pig kebab
espetada de rins	kidney kebab
espetada de vitela	veal kebab
espetada mista	mixed kebab
espinafres gratinados	spinach with cheese
espinafres salteados	spinach in butter sauce
expresso	espresso coffee
faisão	pheasant
farófias	whipped egg white with cinnamon
farturas	long, tube-shaped fritters
fatias recheadas	slices of bread with fried ground meat
febras de porco	thin pork slices
feijão verde	green bean
feijoada	bean stew
fiambre caramelizado	ham coated with caramel
figos	figs
figos moscatel	muscatel figs
figos secos	dried figs
filete	fillet
filete de bife com foie gras	fillet of beef with foie gras
filetes de pescada	fillets of hake
filhozes	sugared buns
folhado de carne	meat roll with puff pastry
folhado de salsicha	sausage roll
fondue	fondue
fondue de carne	meat fondue
fondue de queijo	cheese fondue
frango	chicken
frango assado	roast chicken

frango na púcara	chicken casserole with Port and almonds
frango no churrasco	barbecued chicken
frango no espeto	barbecued chicken
fruta	fruit
fruta da época	seasonal fruit
funcho	fennel
galantine de coelho	rabbit galantine
galantine de galinha	chicken galantine
galantine de vegetais	vegetable galantine
galão	large milky coffee
galinha de África	guinea fowl
galinha de fricassé	chicken fricassee
gambas	shrimp
gambas grelhadas	grilled shrimp
garoto	small milky coffee
gaspacho	chilled vegetable soup
gelado	ice cream
gelado de baunilha	vanilla ice cream
gelado de frutas	fruit ice cream
geleia	preserve
ginjinha	type of cherry brandy
groselha	currant similar to black currant
hamburguer	hamburger
hamburguer com batatas fritas	hamburger and French fries
hamburguer com ovo	hamburger and egg
hamburguer no pão	hamburger bun
iogurte	yogurt
iscas à portuguesa	fried liver and boiled potatoes
italiana	half an espresso
lagosta	lobster
lagosta à americana	lobster with tomato and onions
lagosta termidor	lobster thermidor
lagostins	crayfish
lampreia à moda do Minho	marinated lamprey served in the Minho style
lampreia de ovos	egg dessert shaped as a lamprey

lanche	afternoon tea
laranjas	oranges
lasanha	lasagna
leitão à Bairrada	suckling pig from Bairrada
leite	milk
leite creme	light custard with cinnamon
limonada	fresh lemon juice diluted with water
língua	tongue
língua de porco	pork tongue
língua de vaca	beef tongue
linguado à meunière	sole meunière
linguado grelhado/frito/no forno	grilled/fried/baked sole
lista	menu
lista de preços	price list
lombo de porco	loin of pork
lombo de vaca	sirloin
lulas com natas	stewed squid with cream
lulas fritas/guisadas/recheadas	fried/stewed/stuffed squid
maçã assada	baked apple
maçãs	apples
macedónia de frutas	fruit cocktail
mal passado	rare
manteiga	butter
manteiga de anchovas	anchovy butter
marinada	marinade
marisco	shellfish
marmelada	quince jam
marmelos	quince
marmelos assados	roast quince
mayonnaise	mayonnaise
mayonnaise de alho	garlic mayonnaise
mazagrin	iced coffee with lemon
meia de leite	large white coffee
meia desfeita	cod and chickpeas with olive oil and vinegar
meio-seco	medium dry
melancia	watermelon
melão	melon
melão com presunto	melon with ham
meloa com vinho do Porto/Madeira	small melon with Port/Madeira

merengue	meringue
mexilhões	mussels
migas à alentejana	thick bread soup
mil folhas	sweet, flaky pastry
miolos	brains
miolos com ovos	brains with eggs
molho à espanhola	spicy onion and garlic sauce
molho ao Madeira	Madeira sauce
molho bearneaise	sauce made from egg yolks, lemon juice, and herbs
molho béchamel	béchamel sauce
molho branco	white sauce
molho holandês	hollandaise sauce *(with fish)*
molho mornay	béchamel sauce with cheese
molho mousseline	hollandaise sauce with cream
molho tártaro	tartar sauce *(mayonnaise with herbs, gherkins, and capers)*
molho veloutée	white sauce made from egg yolks and cream
morangos	strawberries
morangos com chantilly	strawberries and whipped cream
morangos com natas	strawberries and cream
morena	beer
morena mistura branca e preta	mixture of pilsner and ale
Moscatel	muscatel wine
mousse de chocolate	chocolate mousse
mousse de fiambre	ham mousse
mousse de leite condensado	condensed milk mousse
napolitanas	long, flat cookies
nêsperas	loquats *(fruit)*
nozes	walnuts
omolete/omelete *(Braz)*	omelette
omolete/omelete *(Braz)* com ervas	vegetable omelette
omolete/omelete *(Braz)* de cogumelos	mushroom omelette
omolete/omelete *(Braz)* de fiambre	ham omelette
omolete/omelete *(Braz)* de queijo	cheese omelette
orelha de porco vinaigrette	pig's ear in vinaigrette
ovo com mayonnaise	mayonnaise
ovo em geleia	jellied egg

ovo estrelado	fried egg
ovo quente	soft-boiled egg
ovos escalfados	poached eggs
ovos mexidos	scrambled eggs
ovos mexidos com tomate	scrambled eggs with tomato
ovos verdes	stuffed eggs
pão de centeio	rye bread
pão de ló de Alfaizerão	sweet sponge cake
pão de ló de Ovar	sweet sponge cake
pão de milho	corn bread
pão integral	whole wheat bread
pão torrado	toasted bread
pargo	sea bream
pargo assado	roast bream
pargo cozido	boiled bream
parrilhada	fish grill
pastéis de nata	puff pastry with egg custard filling
pastéis de Tentugal	custard pie with almonds and nuts
pastelinhos de bacalhau	cod fishcakes
pataniscas	salted cod fritter
paté de aves	bird pâté
paté de fígado	liver pâté
paté de galinha	chicken pâté
pato à Cantão	Chinese style duck
pato assado	roast duck
pato com laranja	duck à l'orange
peixe	fish
peixe espada	swordfish
peixe espada com escabeche	marinated swordfish
peixinhos da horta	green bean fritter
pequeno almoço	continental breakfast
pêra bela Helena	pear in chocolate sauce
pêras	pears
percebes	kind of shellfish
perdizes fritas/de escabeche	fried/marinated partridge
perdizes na púcara	partridge casserole
perna de carneiro assada	roast leg of lamb
perna de carneiro entremeada	stuffed leg of lamb
perninhas de rã	frog's legs
peru	turkey

peru assado	roast turkey
peru de fricassé	turkey fricassee
peru recheado	stuffed turkey
pescada cozida	boiled hake
pescadinhas de rabo na boca	whiting served with their tails in their mouths
pêssego careca	nectarine
pêssegos	peaches
petit-fours	small almond cakes
pimenta	pepper
pimentos	peppers (red or green)
piperate	pepper stew
prato da casa	specialty of the house
prato do dia	today's special
pratos combinados	mixed platter
pregos	thin slice of steak in a roll
pudim de laranja	orange flan
pudim de ovos	egg pudding
pudim flan	type of crème caramel
puré de batata	mashed potatoes
puré de castanhas	chestnut purée
pv (preço variado)	price varies
queijo curado	cured cheese
queijo da Ilha	strong, peppery cheese from Madeira
queijo da Serra	cheese from the Serra da Estrela
queijo de cabra	goat's cheese
queijo de ovelha	sheep's cheese
queijo de Palmela	small dried cheese
queijo de Serpa	small dried cheese
queijo fresco	very mild goat's cheese
queijos	cheeses
rabanadas	French toast
raia	skate
remoulade	dressing with mustard and herbs
requeijão	curd cheese
rillete	potted pork and goose meat
rins	kidneys
rins à Madeira	kidney served with Madeira wine
rins salteados	sautéed kidneys

rissol	croquette
rissol de camarão	shrimp croquette
robalo	rock bass
rolo de carne	meat loaf
sabayon	dessert with egg yolks and white wine
sal	salt
salada de agriões	watercress salad
salada de atum	tuna salad
salada de chicória	chicory salad
salada de frutas	fruit salad
salada de lagosta	lobster salad
salada de tomate	tomato salad
salada mista	mixed salad
salada russa	diced vegetable salad in mayonnaise
salmão	salmon
salmão fumado	smoked salmon
salmonetes grelhados	grilled mullet
salsicha	sausage
salsichas de cocktail	cocktail sausages
salsichas de porco	pork sausages
sandes de fiambre	ham sandwich
sandes de lombo	steak sandwich
sandes de paio	sausage sandwich
sandes de presunto	prosciutto sandwich
sandes de queijo	cheese sandwich
sandes mista	mixed sandwich
santola	spider crab
santola gratinada	spider crab au gratin
sapateira	spider crab
sardinhas assadas	grilled sardines
seco	dry
selecção de queijos	selection of cheeses
sobremesas	desserts
solha	flounder
solha assada no forno	baked flounder
solha frita	fried flounder
solha recheada	stuffed flounder
sonhos	dried dough with cinnamon
sopa de agriões	watercress soup
sopa de alho francês	leek soup

sopa de camarão	shrimp soup
sopa de cebola gratinada	onion soup au gratin
sopa de cogumelos	meat soup
sopa de cozido	meat soup
sopa de espargos	asparagus soup
sopa de lagosta	lobster soup
sopa de ostras	oyster soup
sopa de panela	egg-based dessert
sopa de pão e coentros	soup with bread and coriander
sopa de pedra	vegetable soup
sopa de peixe	fish soup
sopa de rabo de boi	oxtail soup
sopa de tartaruga	turtle soup
sopa dourada	egg-based dessert
sopa Juliana	vegetable soup
sopas	soups
soufflé de camarão	shrimp soufflé
soufflé de chocolate	chocolate soufflé
soufflé de cogumelos	mushroom soufflé
soufflé de espinafres	spinach soufflé
soufflé de peixe	fish soufflé
soufflé de queijo	cheese soufflé
soufflé gelado	ice cream soufflé
sumo de laranja	orange juice
sumo de limão	lemon juice
sumo de maçã	apple juice
sumo de tomate	tomato juice
tarte de amêndoa	almond tart
tarte de cogumelos	mushroom quiche
tarte de limão	lemon tart
tarte de maçã	apple tart
tinto	red
tomates recheados	stuffed tomatoes
toranja	grapefruit
torresmos	small rashers of bacon
tortilha	Spanish omelette *(with potato)*
tosta	toasted sandwich
tosta mista	ham and cheese toasted sandwich
toucinho do céu	egg dessert
trufas de chocolate	chocolate truffles

truta	trout
truta assada no forno	baked trout
truta cozida	boiled trout
truta frita	fried trout
uvas brancas/pretas	white/black grapes
uvas moscatel	muscatel grapes
veado assado	roast venison
vieiras recheadas	stuffed scallops
vinagre de estragão	tarragon vinegar
vinho branco	white wine
vinhos espumantes	sparkling wines
vinho tinto	red wine
vinho verde	slightly sparkling wine
xarope	syrup
xarope de groselha	black currant syrup
xarope de morango	strawberry syrup

BRAZILIAN MENU GUIDE

acarajé	fried bean dumplings
água-de-coco	coconut water
aguardente	alcohol made from sugarcane
angu	polenta
bacalhoada	baked salt cod with potato and peppers
bife	steak
bobó de camarão	mashed cassava and shrimp
cachaça	alcohol made from sugarcane
cafezinho (Braz)	small black coffee
caipirinha	cocktail of cachaça, lemon, and sugar
cardápio	menu
carne de boi/vaca	beef
carne de sol	dried salt beef
churrasco	barbecued meat
cocada	dessert made of coconut
couve a mineira	finely chopped spring greens
coxinha de galinha	fried chicken dumplings
damasco	apricot

dendê	palm oil
empadinha	canapé
farofa	side dish of cassava flour and eggs
feijão preto	black beans
feijão tropeiro	dish made with beans, cassava flour, and eggs
feijoada	black beans and mixed meat stew
galinha/frango	chicken
guaraná	soft drink made from an Amazonian plant
linguiça	sausage
mandioca/aipim	cassava
moqueca	fish or shrimp stew
palmito	palm heart
pão de queijo	bread made with cassava powder and cheese
pastel	thin fried pastry with various fillings
pirão	savory cream (with meat or fish juices)
porco	pork
pudim	crème caramel
queijo minas	mild cheese
quibe	deep fried ground meat
quindim	dessert made with coconut, sugar, and eggs
rodízio	unlimited helping of barbecued meats (carved at the table)
salgadinho	savory filled pastries
siri	crab
sorvete	ice cream
tutu	mashed beans with hard boiled eggs and bacon
vatapá	spicy thick cream made with bread, coconut milk, shrimp, and nuts
vitaminas	milk shake
xinxim de galinha	chicken with shrimp and peanuts

SHOPPING

The usual opening hours are 9 AM to 1 PM and 3 PM to 7 PM. Most stores close at 1 PM on Saturdays. In major cities, shopping centers (**Centro Comercial**) are open from 10 AM to midnight seven days a week.

In all Brazilian cities there are many good shopping centers that are open seven days a week from 10 AM to 10 PM. Unlike Portugal, stores do not tend to close for the afternoon siesta.

USEFUL WORDS AND PHRASES

Refer to the mini-dictionary for individual items you may want to ask for.

audio equipment	o equipamento de som	*eekeepamentoo duh song*
bakery	a padaria	*padduh-ree-uh*
bookstore	a livraria	*leevraree-uh*
boutique	a boutique	*booteek*
butcher	o talho/ o açougue *(Braz)*	*talyoo/ ah-sooh-geh*
buy *(verb)*	comprar	*komprahr*
cash register	a caixa	*kye-shuh*
department store	os grandes armazéns	*grandz armazayngsh*
drugstore	a farmácia	*farmass-yuh*
fashion	a moda	*modduh*
fish market	a peixaria	*payshuh-ree-uh*
florist	a florista	*floreeshtuh*
grocery store	a mercearia	*mersee-uh-ree-uh*
hardware store	o ferreiro	*ferray-roo*
inexpensive	barato	*barah-too*
ladies' wear	a roupa de senhora	*roh-puh duh sen-yoruh*
menswear	a roupa de homen	*roh-puh duh dommayng*
newsstand	a tabacaria	*tabakuh-ree-uh*

pastry shop	a pastelaria/	*pashtulluh-ree-uh/*
	a confeitaria *(Braz)*	*cong-fate-ah-re-ah*
receipt	a factura/	*faktooruh/*
	o recibo *(Braz)*	*reh-see-bow*
record store	a discoteca/	*deeshkootekkuh/*
	a loja de discos *(Braz)*	*low-sha deh dis-cos*
sale	os saldos	*saldoosh*
shoe store	a sapataria	*sapatuh-ree-uh*
go shopping	ir às compras	*eer ash komprush*
souvenir shop	a loja de artigos	*lojjuh darteegoosh*
	regionais/	*rej-yoo-nysh/*
	a loja de lembranças	*lojjuh deh*
	(Braz)	*leng-bran-sas*
special offer	a oferta especial	*offair-tuh shpuss-yal*
spend	gastar	*gash-tahr*
stationery store	a papelaria	*pappeluh-ree-uh*
store	a loja	*lojjuh*
supermarket	o supermercado	*sooper-mer-kah-doo*
tailor	a alfaiataria	*alfye-attuh-ree-uh*
toy store	a loja de brinquedos	*lojjuh duh breenkeh-doosh*
travel agent	a agência de viagens	*ajenss-yuh duh vee-ah-jayngsh*

Where is there a . . . (store)?
Onde é o/a . . . (loja)?
ondeh oo/uh . . . (lojjuh)

Where is the shopping area?
Onde é a área comercial?
ondeh uh ahree-uh koomersee-ahl

Where is the . . . department?
Onde é a secção de . . . ?
ondeh uh seksowng duh

Do you have . . . ?
Tem . . . ?
tayng

How much is this?
Quanto é que isto custa?
kw<u>a</u>ntoo eh kee <u>ee</u>shtoo k<u>oo</u>shtuh

Do you have any more of these?
Tem mais destes?
tayng mysh d<u>e</u>stush

Do you have anything less expensive?
Tem alguma coisa mais barata?
tayng alg<u>oo</u>muh k<u>oy</u>zuh mysh bar<u>a</u>h-tuh

Have you anything larger?
Tem maior?
tayng may-<u>o</u>r

Have you anything smaller?
Tem mais pequeno?/Tem menor? *(Braz)*
tayng mysh pek<u>e</u>h-noo/tayng meh-n<u>o</u>r

Can I try it (them) on?
Posso experimentar?
p<u>o</u>ssoo shpheree-ment<u>a</u>hr

Does it come in other colors?
Tem outras cores?
tayng <u>o</u>h-trush k<u>o</u>rush

That's fine
Está bem
sht<u>a</u>h b<u>a</u>yng

THINGS YOU'LL HEAR

É favor não mexer
Please don't touch

Estão a atender?
(Braz) Já foi atendido?
Are you being helped?

É tudo o que temos
This is all we have

Não devolvemos o dinheiro
We cannot give cash refunds

Não tem mais pequeno?
(Braz) Não tem menor?
Do you have anything smaller? (money)

Por favor utilize um trolley/cesto
(Braz) Por favor utilize um carrinho/cesta
Please take a cart/basket

Tenho muita pena mas não há mais
I'm sorry, we're out of stock

I'd like to change this, please
Queria trocar isto, por favor
kree-uh trookahr eeshtoo, poor fuh-vor

Can I have a refund?
Pode-me devolver o dinheiro?
pod-muh duvvolvair oo deen-yay-roo

Things You'll See

agência de viagens	travel agent
barato	inexpensive
caro	expensive
cave/subsolo (*Braz*)	basement
centro comercial	shopping center
confecções de criança/ moda infantil (*Braz*)	children's wear
confecções de homem/ moda masculina (*Braz*)	menswear
confecções de senhora/ moda feminina (*Braz*)	ladies' wear
desconto	discount
drogaria	drugstore
florista	florist
gelataria/sorveteria (*Braz*)	ice cream store
livraria	bookstore
loja de brinquedos	toy store
loja de peles	furrier
lugar/mercearia	greengrocer
moda	fashion
objetos de escritório/ material de escritório (*Braz*)	office supplies
oferta especial	special offer
padaria	bakery
papelaria	stationery store
pastelaria	pastry shop
preço	price
preços reduzidos	reduced prices
pré-pagamento	pay before you eat
primeiro andar	second floor
primeiro piso	second floor
produtos alimentares	groceries
qualidade	quality
rés-do-chão/térreo (*Braz*)	ground floor

$\longrightarrow$

sapataria	shoe store
secção/seção (*Braz*)	department
tabacaria	newsstand
talho/açougue (*Braz*)	butcher

Where do I pay?
Onde é que se paga?
ondeh kuh suh pah-guh

May I have a receipt?
Pode-me dar uma factura/um recibo (*Braz*), por favor?
pod-muh dar oomuh faktooruh/oom heh-see-bow, poor fuh-vor

Do you take credit cards?
Aceita cartões de crédito?
asay-tuh car-tow-eensh de credee-too

Could you wrap it for me?
Pode-me embrulhar isto?
pod-muh embrool-yar eeshtoo

May I have a bag, please?
Pode-me dar um saco/uma sacola (*Braz*), por favor?
pod-muh dar oom sakoo/oomah sa-ko-la, poor fuh-vor

I'm just looking
Estou só a ver
shtoh soh uh vair

(*Braz*) Estou só olhando
es-toe-so soh ah-li-an-do

I'll come back later
Volto mais tarde
voltoo mysh tard

AT THE HAIRDRESSER'S

In addition to ordinary hairdressers', there are also hairdressing salons in all new Portuguese shopping centers. These salons are open from 10 AM to midnight all week, including Sundays. There are only a few unisex salons.

Most hairdressing salons in Brazil are unisex, but there are also many traditional men's barbershops.

USEFUL WORDS AND PHRASES

appointment	a marcação/	markass<u>o</u>wng/
	a hora marcada *(Braz)*	or-a mar-<u>ka</u>-dah
bangs	a franja	fr<u>a</u>njuh
beard	a barba	b<u>a</u>rbuh
blond	louro	l<u>oh</u>-roo
brush	a escova	shk<u>o</u>vuh
comb	o pente	pent
conditioner	o creme amaciador/	krem amass-yuh-d<u>o</u>r/
	o condicionador *(Braz)*	con-dis-e<u>on</u>-ador
curlers	os rolos/o bobe *(Braz)*	r<u>o</u>loosh/bo-bay
curling irons	o ferro de frisar	f<u>e</u>rro duh freez<u>ah</u>r
curly	encaracolado	ayng-karakool<u>a</u>h-doo
dark	escuro	shk<u>oo</u>roo
gel	o gel	jell
hair	o cabelo	kab<u>e</u>h-loo
haircut	o corte de cabelo	kort duh kab<u>e</u>h-loo
hairdresser	o cabeleireiro,	kublay-r<u>a</u>y-roo,
	a cabeleireira	kublay-r<u>a</u>y-ruh
hair dryer	o secador	seh-kad<u>o</u>r
highlights	as madeixas/	mad<u>a</u>y-shush/
	as mechas *(Braz)*	<u>may</u>-shas
long	comprido	kompr<u>ee</u>doo
moustache	o bigode	beeg<u>o</u>d
part	o risco/	r<u>ee</u>shkoo/
	o repartido *(Braz)*	rey-pah-<u>te</u>-doh
perm	a permanente	perman<u>e</u>nt

76

shampoo	o champô	*shampoh*
shave (*verb*)	barbear	*barbee-ahr*
shaving cream	a espuma de barbear	*shpoomuh duh barbee-ahr*
short	curto	*koortoo*
wavy	ondulado	*ondoolah-doo*

I'd like to make an appointment
Queria fazer uma marcação
kree-uh fazair oomuh markassowng

(*Braz*) Queria marcar uma hora
kree-uh mah-car um-ah or-a

Just a trim, please
Queria só cortar as pontas, por favor
kree-uh soh koortahr ush pontush, poor fuh-vor

Not too much
Não corte muito
nowng kort mweentoo

A bit more off here, please
Corte um pouco mais aqui, por favor
kort oom poh-koo myze akee, poor fuh-vor

I'd like a cut and blow-dry
Queria cortar e fazer brushing/escova (*Braz*)
kree-uh koortahr ee fazair brushing/es-ko-va

I'd like a perm
Queria fazer permanente
kree-uh fazair permanent

I'd like highlights
Queria fazer madeixas/mechas (*Braz*)
kree-uh fazair maday-shush/may-shas

THINGS YOU'LL SEE OR HEAR

barbeiro	barber
cabeleireiro/cabeleireira	hairdresser
cabeleireiro de homens/ barbeiro (*Braz*)	men's hairdresser
cabeleireiro de senhoras/ cabeleireira, cabeleireiro (*Braz*)	ladies' salon
cabeleireiro unisexo/ cabeleireiro unissex (*Braz*)	unisex salon
espigado	split ends
fazer a barba	to shave
fazer brushing/fazer escova (*Braz*)	to blow-dry
laca/laquê (*Braz*)	hair spray
lavar e pentear/ lavar e fazer escova (*Braz*)	wash and set
oleoso	oily
permanente	perm
peruca	wig
salão de cabeleireiro	hairdressing salon
secar com secador de mão	to blow-dry
seco	dry
tinta	tint

SPORTS

Thanks to Portugal's excellent climate, almost all outdoor sports are well catered to. The Algarve and Lisbon coasts provide especially good opportunities for swimming, water-skiing, paragliding, sailing, fishing, and windsurfing. The northwest coast with its rougher sea is not so inviting.

A flag warning system operates on most beaches: red for dangerous conditions, yellow for caution, and green for all clear. It is advisable to swim within the designated areas (**zona de banhos**) where the lifeguard (**banheiro ou nadador-salvador**) keeps an eye on the swimmers. Avoid the danger areas (**zona perigosa**). Renting equipment poses no problem and most things are available at reasonable prices.

Golf can be played all year round at courses in the Lisbon area and at nearly all the major beach resorts. The famous Penina course in the Algarve is a championship venue and caters especially to golfing vacations. Tennis courts can be found in most places, but most of them belong to hotels or private clubs. Squash is rapidly becoming more popular, but again most courts belong to private organizations.

In Brazil, soccer is the most common sport; even the smallest village will have at least one playing field. Soccer and volleyball are also often played on the beach.

USEFUL WORDS AND PHRASES

athletics	o atletismo	atlet*ee*j-moo
badminton	o badminton	"badminton"
ball	a bola	b*o*lluh
beach	a praia	pr*y*-uh
beach umbrella	o pára-sol	p*ah*-ra sol
bicycle	a bicicleta	beesseekl*e*ttuh
canoe	a canoa	kan*oh*-uh
deck chair	a cadeira de lona/	kad*a*yruh duh l*o*nnuh/
	a cadeira	ca-*deh*-rah es-pray-
	espreguiçadeira *(Braz)*	geese-ah-*dey*-ra

diving board	o trampolim	*tramp-oh-leem*
fishing	a pesca	*peskhuh*
fishing rod	a cana de pesca/	*kah-nuh duh peshkuh/*
	a vara de pesca (Braz)	*va-rah duh peshkuh*
flippers	as barbatanas	*barbatah-nush*
goggles	os óculos	*okkooloosh*
golf	o golfe	*"golf"*
golf course	o campo de golfe	*kampoo duh golf*
gymnastics	a ginástica	*jeenash-tikkuh*
harpoon	a espingarda	*shpeengarduh*
	submarina	*soobmareenuh*
hockey	o hóquei	*okkay*
jogging	o jogging	*"jogging"*
lake	o lago	*lah-goo*
mountaineering	o alpinismo	*alpeeneej-moo*
oxygen bottles	as garrafas de	*garrah-fush dee*
	oxigénio	*oksee-jenyoo*
pedal boat	a gaivota	*gye-vottuh*
racket	a raqueta/	*rakettuh/*
	a raquete (Braz)	*rak-etche*
riding	a equitação	*eekeetassowng*
rowboat	o barco a remos	*barkoo uh reh-moosh*
run (verb)	correr	*koorair*
sailboard	a prancha de	*pranshuh duh*
	windsurf	*"windsurf"*
sailing	fazer vela/	*fazair velluh/*
	velejar (Braz)	*ve-leh-jah*
sand	a areia	*arayyuh*
sea	o mar	*mar*
skate (verb)	patinar	*pateenar*
skates	os patins	*pateensh*
skin diving	mergulhar	*mergool-yahr*
snorkel	o respirador	*rushpeerador*
	aquático	*akwattikoo*
soccer	o futebol	*foot-boll*

soccer match	o desafio de futebol/ o jogo de futebol (Braz)	dezafee-oo duh foot-boll/joh-goh duh foot-boll
stadium	o estádio	shtahd-yoo
swim	nadar	nadahr
swimming pool	a piscina	peesh-seenuh
tennis	o ténis	teneesh
tennis court	o campo de ténis/ o campo de tênis (Braz)	kampoo duh tenneesh/ kampoo duh teh-nis
tennis racket	a raqueta de ténis/ a raquete de tênis (Braz)	rakettuh duh tenneesh/ rakettuh duh teh-nis
tent	a barraca	ba-hak-ah

underwater
  fishing
	a pesca
	  submarina
		peshkuh
		  soobmaree-nuh

volleyball	o voleibol	vollay-boll
waterskiing	o esqui aquático	shkee akwattikoo
water skis	os esquis aquáticos	shkeez akwattikoosh
wave	a onda	onduh

wet suit	o fato isotérmico/
	a roupa de mergulho
	  (Braz)
		fah-too
		  ezzootairmeekoo/
		row-pah deh
		  meh-goo-low

windsurfing	o windsurf	"windsurf"
yacht	o iate	yat

How do I get to the beach?
Como é que se vai para a praia?
koh-moo eh kuh suh vye prah pry-uh

Is the water very deep here?
A água aqui é muito funda?
uh ahg-wuh akee eh mweentoo foonduh

Is there an indoor/outdoor pool here?
Há aqui piscina coberta/ao ar livre?
ah akee peesh-seenuh koobairtuh/ow ar leevruh

Is it safe to swim here?
Pode-se nadar aqui?
pod-suh nadahr akee

Can I fish here?
Posso pescar aqui?
possoo pushkar akee

Do I need a license?
Preciso de uma licença?
presseezoo doomuh leessensuh

I would like to rent a beach umbrella
Queria alugar um pára-sol
kree-uh aloogahr oom pah-ra-sol

How much does it cost per hour/day?
Quanto custa por hora/dia?
kwantoo koostuh poor oruh/poor dee-uh

I would like to take waterskiing lessons
Queria ter lições de esqui aquático
kree-uh tair leesoynsh dushkee akwattikoo

Where can I rent . . . ?
Onde posso alugar . . . ?
onduh possoo aloogahr

THINGS YOU'LL SEE OR HEAR

aluguer de barcos/ alugua-se barcos (*Braz*)	boat rental
aluguer de barracas/ alugua-se pára-sol (*Braz*)	beach umbrellas for rent

→

aluguer de gaivotas/ alugua-se pedalinho *(Braz)*	pedal boat rental
apanhar banhos de sol/ tomar sol *(Braz)*	to sunbathe
bronzeador	suntan lotion
campo de golf	golf course
campo de ténis	tennis court
clube de golfe	golf club
clube de ténis	tennis club
fazer surf	to surf
fazer vela	to sail
fazer windsurf	to windsurf
mergulhar	go diving
montar a cavalo	go (horse) riding
nadador-salvador/ salva-vidas *(Braz)*	lifeguard
nadar	to swim
perigo	danger
pesca submarina	underwater fishing
piscina	swimming pool
piscina coberta	indoor swimming pool
primeiros socorros	first aid
proibido acampar	no camping
proibido nadar	no swimming
proibido pescar	no fishing
proibido tomar banho/ proibido nadar *(Braz)*	keep out of the water
remar	to row
zona de banhos	swimming area
zona perigosa	danger zone

POST OFFICES AND BANKS

Post offices in Portugal can be found by looking for either the word **correios** ("post office") or, more frequently, a blue sign with the letters **CTT**. Stamps can be bought in post offices, and at hotels and tobacconists. Mailboxes are red. Post offices are usually open between 9 AM and 6 PM, although small post offices close for lunch.

Most banks are open from 8.30 AM until 3 PM Mondays to Fridays, with some larger ones open until 6 PM. While service in banks can be slow, they do offer better exchange rates for foreign currency, Eurochecks, and traveler's checks than hotels or exchange offices. Electronic currency exchange machines, found outside most large banks and in major airports and railroad stations, are also useful. Credit card cash advances can be drawn in banks and at **MB** (**Multibanco**) ATMs, which are located outside most banks. Paying by credit card is often possible in cities, but should not be relied upon elsewhere.

The basic unit of Portuguese currency is the **escudo** (*shkoo-doh*), which is divided into 100 **centavos**. One thousand escudos and no centavos is written "1,000$00" and is usually referred to in speech as a **conto**, so 5,000$00 is **cinco contos**.

USEFUL WORDS AND PHRASES

airmail	o correio aéreo	*koorayoo ah-airee-oo*
ATM	a caixa automática	*kee-shuh awtoo-ma-tee-kuh*
bank	o banco	*bahn-coo*
bill (*money*)	a nota	*no-tuh*
change (*noun*)	o troco	*troh-coo*
(*verb*)	trocar	*troo-car*
collection	a tiragem/	*teerah-jayng/*
	a coleta (*Braz*)	*kor-let-ah*
counter	o balcão	*balkowng*
credit card	o cartão de crédito	*car-twong deh credee-too*

84

currency exchange	o câmbio	*kamb-yoo*
customs form	o impresso de alfândega	*eempressoo duh alfandugguh*
delivery	a distribuição	*deeshtreeb-weesowng*
deposit (*noun*)	o depósito	*deh-po-zee-too*
(*verb*)	depositar	*deh-poo-zee-tar*
dollar	o dólar	*oo do-lahr*
exchange rate	a taxa de câmbio	*tashuh deh kamb-yoo*
form	o impresso	*eempressoo*
letter	a carta	*kartuh*
mail	o correio	*koorayoo*
mailbox	o marco do correio/ a caixa do correio (Braz)	*markoo doo koorayoo/ cay-sha do cor-hay-oh*
mailman	o carteiro	*kartayroo*
money order	o vale postal	*val possh-tal*
postage rates	as tarifas postais	*tarree-fush poosh-tysh*
postal order	o vale postal	*vahl pooshtal*
postcard	o postal	*pooshtal*
poste-restante	a posta-restante	*poshtuh rushtant*
post office	os correios	*koorayoosh*
registered letter	a carta registada	*kartuh rejeeshtah-duh*
stamp	o selo	*seh-loo*
surface mail	via superfície	*vee-uh sooper-feesee*
telegram	o telegrama	*tullugrah-muh*
withdraw	levantar	*leh-vahn-tar*
withdrawal	o levantamento	*leh-vahn-tuh-mehn-too*
zip code	o código postal	*koddigoo pooshtal*

How much is a letter/postcard to . . . ?
Quanto custa uma carta/um postal para . . . ?
kwantoo kooshtuh oomuh kartuh/oom pooshtal par-uh

85

I would like three 20 escudo stamps
Queria três selos de vinte escudos
kree-uh tresh seh-loosh duh veent shkoo-doosh

(Braz) Queria três selos de um real
kree-uh tresh seh-loosh duh oom ray-al

I want to register this letter
Quero mandar esta carta registada
kairoo mandahr estuh kartuh rejeeshtah-duh

I want to send this package to . . .
Quero mandar esta encomenda para . . .
kairoo mandahr eshtuh enkoomenduh par-uh

How long does the mail to . . . take?
Quanto tempo demora para esta carta chegar. . . ?
kwantoo tempoo deh-mor-ah par-uh estuh car-ta shay-ga

Where can I mail this?
Onde posso pôr isto no correio?
onduh possoo por eeshtoo noo koorayoo

Is there any mail for me?
Há algum correio para mim?
ah algoom koorayoo par-uh meeng

I'd like to send a telegram
Queria mandar um telegrama
kree-uh mandahr oom tullu-grah-muh

This is to go airmail
Quero mandar isto por avião
kairoo mandahr eeshtoo poor avee-owng

Could you change this into 1000-escudo bills?
Pode trocar isto em notas de mil escudos?
pod troo-c<u>a</u>r <u>ee</u>shtoo ayn n<u>o</u>-tush deh meel shk<u>oo</u>-doosh

(Braz) Pode trocar isto em notas de dez reais?
pod troo-c<u>a</u>r <u>ee</u>shtoo ayn n<u>o</u>-tush deh dez hay-<u>ice</u>

I'd like to cash these traveler's checks
Queria trocar estes checks de viagens
kr<u>ee</u>-uh troo-c<u>a</u>r <u>e</u>sh-tsheh sh<u>e</u>h-keh deh vee<u>a</u>-jainsh

What is the exchange rate for the dollar?
Qual é a taxa de câmbio para o dólar?
kw<u>a</u>-leh eh uh t<u>a</u>shuh deh c<u>a</u>hm-bee-oo p<u>a</u>h-ruh oo d<u>o</u>-lahr

Can I draw cash with this credit card?
Posso levantar/tirar (Braz) dinheiro com este cartão de crédito?
p<u>o</u>ssoo leh-van-t<u>a</u>r/tear-ah deen-h<u>a</u>y-roo kohm eshteh c<u>a</u>r-twong deh cr<u>e</u>dee-too

I'd like smaller notes
Queria notas mais pequenas
kr<u>ee</u>-uh n<u>o</u>-tash m<u>ee</u>sh pehk<u>e</u>n-nash

(Braz) Queria notas menores
kr<u>ee</u>-uh n<u>o</u>-tash men-or-res

THINGS YOU'LL SEE OR HEAR

banco	bank
caixa	cashier
caixa automática	ATM
câmbio	currency exchange
carta	letter
carta expresso	express letter
código postal	zip code
correio aéreo	airmail
correios (CTT)	post office
depósitos	deposits
destinatário	addressee
direcção/endereço *(Braz)*	address
encomenda	package
franquia	postage
horário de abertura	opening hours
levantamentos/saques *(Braz)*	withdrawals
localidade	place, town
moeda extrangeira	foreign currency
por avião	by air mail
posta-restante	poste-restante
preencher	to fill in
registos/carta registrada	registered mail
remetente	sender
selos	stamps
tarifas	charges
taxas de câmbio	exchange rates
telefone	telephone
telegramas	telegrams
tiragem/coleta *(Braz)*	collection
trocar	to change/exchange
vale postal internacional	international money order
via superfície	surface mail

TELEPHONES

Most telephone booths in Portugal are metallic gray. They now have direct dialing to most countries; codes are usually displayed inside the phone booth. To call the US, dial 001.

The tones you hear on Portuguese phones are:

Dial tone:	same as in US
Ringing:	repeated long tone
Busy signal:	rapid pips

All post offices have telephone booths. To make a call from one of these, you must ask for a line at the counter and then pay the assistant immediately after making the call. There are also pay phones (usually colored red) in bars and restaurants, but these cannot be used for international calls.

USEFUL WORDS AND PHRASES

call (noun)	a chamada telefónica	*shamah-duh tulluh-fonnikuh*
(verb)	telefonar	*tulluh-foonahr*
code	o indicativo/ o código (Braz)	*eendeekuh-teevoo/ coh-de-go*
collect call	a chamada paga no destinatário/ a chamada a cobrar (Braz)	*shamah-duh pah-guh noo dushteenatar-yoo/ shamah-duh ah ko-bra*
crossed line	as linhas cruzadas	*leenyush kroozah-dush*
dial (verb)	marcar	*markahr*
dial tone	o sinal de marcar	*seenal duh markahr*
directory inquiries	as informações	*eenfoormuh-soyngsh*
emergency	a emergência	*eemer-jenss-yuh*
extension	a extensão	*eeshtensowng*
international call	a chamada internacional	*shamah-duh eenternass-yoonal*

number	o número	*noomeroo*
operator	a telefonista	*tulluh-fooneeshtuh*
pay phone	o telefone público	*tulluh-fonn pooblikoo*
push-button telephone	o telefone automático	*tulluh-fonn owto-mattikoo*
receiver	o auscultador/ o monofone (*Braz*)	*owshkooltuh-dor/ mo-noh-foh-nee*
telephone	o telefone	*tulluh-fonn*
telephone booth	a cabina telefónica/ a cabine telefônica (*Braz*)	*kabeenuh tulluh-fonnikuh/ka-bee-nee teh-leh-foh-nee-ka*
telephone directory	a lista telefónica/ a lista telefônica (*Braz*)	*leeshtuh tulluh-fonnikuh/lees-tah teh leh-foh-nee-ka*

Where is the nearest phone booth?
Onde fica a cabina telefónica/cabine telefônica (*Braz*) mais próxima?
onduh feekuh uh kabeenuh tulluh-fonnikuh/kabeenuh teh-leh-foh-nee-ka mysh prossimuh

Hello, this is . . . speaking
Está, é o/a . . .
shtah, eh oo/uh

(*Braz*) Alô, aqui é o/a . . .
ah-low, a-key eh oh/ah

Is that . . . ?
É o/a . . . ?
eh oo/uh

Speaking
É o próprio (*said by man*)
eh oo propree-oo

É a própria (*said by woman*)
eh uh propree-uh

(*Braz*) É ele (*said by man*)
eh er-lee

(*Braz*) É ela (*said by woman*)
eh er-la

I would like to speak to . . .
Queria falar com . . .
kr<u>ee</u>-uh fal<u>a</u>hr kong

Extension . . . , please
Extensão . . . , por favor
eeshtens<u>ow</u>ng . . . poor fuh-v<u>o</u>r

Please tell him . . . called
Faz favor de dizer que telefonou o/a . . .
fash fuh-v<u>o</u>r duh deez<u>ai</u>r kuh tulluh-foon<u>oh</u> oo/uh

Ask him to call me back, please
Faz favor de lhe dizer para me telefonar
fash fuh-v<u>o</u>r dul-y<u>u</u>h deez<u>ai</u>r p<u>a</u>ruh muh tulluh-foon<u>a</u>hr

My number is . . .
O meu número de telefone é o . . .
oo m<u>eh</u>-oo n<u>oo</u>meroo duh tulluh-f<u>o</u>nn eh oo

Do you know where he is?
Sabe onde é que ele está?
sahb <u>o</u>ndee eh kee ehl shtah

When will he be back?
Quando é que ele regressa/volta *(Braz)*?
kw<u>a</u>ndoo eh kee ehl regr<u>e</u>ssuh/<u>vol</u>-ta

Could you leave him a message?
Pode-lhe deixar um recado?
p<u>o</u>dl-yuh daysh<u>a</u>hr oom rek<u>a</u>h-doo

I'll call back later
Volto a telefonar mais tarde
v<u>o</u>ltoo uh tulluh-foon<u>a</u>r mysh tard

THINGS YOU'LL HEAR

Com quem quer falar?
Whom would you like to speak to?

É engano
Wrong number

Quem fala?
Who's calling?

Está? Estou?/Alô (*Braz*)
Hello?

De que número fala?
What is your number?

Desculpe, mas ele não está
(*Braz*) Sinto muito, mas ele não está
Sorry, he's not in

Ele vem às . . . horas
(*Braz*) Ele volta às . . . horas
He'll be back at . . . o'clock

Volte a telefonar amanhã, por favor
Please call again tomorrow

Eu digo-lhe que telefonou
I'll tell him you called

Sorry, I've got the wrong number
Desculpe, enganei-me no número
dushkoolp, enganay-muh noo noomeroo

(Braz) Desculpe, foi engano
dushkoolp, foy en-gah-noh

Is there a telephone directory?
Tem uma lista telefónica/telefônica *(Braz)*?
tayng oomuh leeshtuh tulluh-fonnikuh/teh-leh-foh-nee-ka

I would like the directory for . . .
Queria a lista telefónica/telefônica *(Braz)* de . . .
kree-uh uh leeshtuh tulluh-fonnikuh/teh-leh-foh-nee-ka duh

Can I call abroad from here?
Posso falar daqui para o estrangeiro/exterior *(Braz)*?
possoo falahr dakee proh shtran-jayroo/ex-teh-re-or

How much is a call to . . . ?
Quanto custa uma chamada para . . . ?
kwantoo kooshtuh oomuh shamah-duh par-uh

I would like to make a collect call
Queria que a chamada fosse paga no destinatário
kree-uh kee uh shamah-duh foss pah-guh noo dushteenatar-yoo

(Braz) Queria que a chamada fosse a cobrar
kree-uh kee uh shamah-duh foss ah coh-bra

I would like a number in . . .
Queria um número em . . .
kree-uh oom noomeroo ayng

THINGS YOU'LL SEE

112 – emergências (*Portugal only*)	emergency number
190 – (*police, Brazil only*)	
192 – (*ambulance, Brazil only*)	
193 – (*fire, Brazil only*)	
avariado/não funciona (*Braz*)	out of order
cabina telefónica/	telephone booth
cabine telefônica (*Braz*)	
chamada intercontinental	international call
chamada interurbana	long-distance call
chamada local	local call
indicativo/código (*Braz*)	code
informações	inquiries
serviço automático	direct dialing
serviço internacional	international calls
tarifas	charges
telefone	telephone

HEALTH

There are state-run hospitals and private hospitals in Portugal. Private hospitals and clinics are very expensive and not as well equipped as state-run hospitals. If you go privately, always ask the price first. In case of emergency, ask to be taken to the **banco** ("emergency room").

Medicines are only available from drugstores (**farmácias**), which are open from 9 AM to 1 PM and 3 PM to 7 PM. If the drugstore you visit is closed, there will be a notice on the door giving the address of the all-night drugstore (**farmácia de serviço**).

USEFUL WORDS AND PHRASES

accident	o acidente	*asseedent*
ambulance	a ambulância	*amboolanss-yuh*
anemic	anémico	*anemmikoo*
appendicitis	a apendicite	*apendee-seet*
appendix	o apêndice	*apendeess*
aspirin	a aspirina	*ashpeereenuh*
asthma	a asma	*ajmuh*
backache	a dor nas costas	*dor nush koshtush*
bandage	a ligadura/	*leegadooruh/*
	a atadura *(Braz)*	*ata-doo-rah*
bite *(verb)*	morder, picar	*mordehr, peekar*
(noun)	mordida	*mordee-duh*
(by insect/snake)	a picada	*peekah-duh*
bladder	a bexiga	*besheeguh*
blister	a bolha	*bolyuh*
blood	o sangue	*sanguh*
blood donor	o dador de sangue/	*dador duh sanguh/*
	o doador de sangue	*doh-ah-door duh*
	(Braz)	*sanguh*
burn	a queimadura	*kaymadooruh*
cancer	o cancro/o câncer *(Braz)*	*kankroo/kan-sah*
chest	o peito	*paytoo*

chicken pox	a varicela/	vareeselluh/
	a catapora (Braz)	ka-tah-porr-ah
cold	a constipação/	kohnshteepassowng
	o resfriado (Braz)	res-free-ah-doh
concussion	o truamatismo/	trowmateejmo/
	a concussão (Braz)	con-coo-sowng
constipation	a prisão de ventre	preezowng duh ventruh
contact lenses	as lentes de contacto	lentsh duh kontaktoo
corn	o calo	kaloo
cough	a tosse	toss
cut	o golpe/o corte (Braz)	golp/kor-chee
dentist	o dentista	denteeshtuh
diabetes	os diabetes	dee-abetsh
diarrhea	a diarreia	dee-arrayuh
dizzy	estonteado/	shtontee-ah-doo/
	tonto (Braz)	ton-toh
doctor	o médico	meddeekoo
drugstore	a farmácia	farmass-yuh
earache	a dor de ouvidos	dor dee oh-veedoosh
fever	a febre	februh
filling	o chumbo	shoomboo
first aid	os primeiros socorros	preemay-roosh sookorroosh
flu	a gripe	greep
fracture	a fractura/	fraktooruh/
	a fratura (Braz)	frah-tu-rah
German measles	a rubéola	roobeh-oolluh
glasses	os óculos	okkooloosh
hay fever	a febre dos fenos	februh doosh feh-noosh
headache	a dor de cabeça	dor duh kabeh-suh
heart	o coração	koorassowng
heart attack	o enfarte	ayng-fart
hemorrhage	a hemorragia	emmoorah-jee-uh
hospital	o hospital	oshpeetal
ill	doente	doo-ent

indigestion	a indigestão	*eendeejessht<u>ow</u>ng*
injection	a injecção/	*eenjess<u>ow</u>ng/*
	a injeção (Braz)	*in-jer-<u>sown</u>g*
itch	a comichão/	*koomee-sh<u>ow</u>ng/*
	a coceira (Braz)	*<u>ko</u>-say-ra*
kidney	o rim	*reeng*
lump	o caroço	*<u>ka</u>-roh-so*
measles	o sarampo	*sar<u>a</u>mpoo*
migraine	a enxaqueca	*enshak<u>e</u>kkuh*
motion sickness	o enjoo de viagem	*enj<u>oh</u>-oo duh vee-<u>a</u>h-jayng*
mumps	a papeira	*pap<u>ay</u>-ruh*
nausea	as náuseas	*n<u>ow</u>-zee-ush*
nurse	a enfermeira	*emferm<u>ay</u>-ruh*
operation	a operação	*operass<u>ow</u>ng*
optician	o oculista	*okool<u>ee</u>shtuh*
pain	a dor	*dor*
penicillin	a penicilina	*penee-seel<u>ee</u>nuh*
plaster	o adesivo/	*adez<u>ee</u>voo/*
	o esparadrapo (Braz)	*es-pah-rah-<u>dra</u>-poh*
pneumonia	a pneumonia	*pneh-oomoon<u>ee</u>-yuh*
pregnant	grávida	*gr<u>a</u>vviduh*
prescription	a receita	*russ<u>ay</u>-tuh*
rheumatism	o reumatismo	*reh-oo-mat<u>ee</u>jmoo*
scald	a queimadura	*keymad<u>oo</u>ruh*
scratch	o arranhão	*arran-y<u>ow</u>ng*
smallpox	a varíola	*var<u>ee</u>-olluh*
sore throat	a dor de garganta	*dor duh garg<u>a</u>ntuh*
splinter	a farpa	*<u>fah</u>-pa*
sprain	a distenção	*deeshtens<u>ow</u>ng*
sting	a picada	*peek<u>ah</u>-duh*
stomach	o estômago	*sht<u>oh</u>-magoo*
temperature	a temperatura	*temperat<u>oo</u>ruh*
tonsils	as amígdalas	*am<u>ee</u>gduh-lush*
toothache	a dor de dentes	*dor duh dentsh*
ulcer	a úlcera	*<u>oo</u>lseruh*
vaccination	a vacinação	*vasseenass<u>ow</u>ng*

vomit (*verb*)	vomitar	*voomee-tar*
whooping cough	a tosse convulsa/	*toss convoolsuh/*
	a tosse de cachorro	*toss deh ka-show-ra*
	(*Braz*)	

I have a pain in . . .
Dói-me . . .
doy-muh

I do not feel well
Não me sinto bem
nowng muh seentoo bayng

I feel faint
Sinto que vou desmaiar
seentoo kuh voh duj-my-ar

I feel sick
Estou agoniado/enjoado (*Braz*)
shtoh agoonee-ah-doo/en-jow-adoh

I feel dizzy
Sinto tonturas
seentoo-tontoor-ush

It hurts here
Dói-me aqui
doy-muh akee

It's a sharp pain
É uma dor aguda
eh oomuh dor agooduh

It's a dull pain
É uma moinha
eh oomuh moo-een-yuh

It hurts all the time
Dói-me sempre
doy-muh sempruh

(Braz) Não para de doer
Nowng pah-rah dee dou-er

It only hurts now and then
Dói-me só de vez em quando
doy-muh soh duh vez ayng kwandoo

It hurts when you touch it
Dói-me quando lhe toca
doy-muh soh kwandool-yuh tokkuh

(Braz) So dói quando encosta
So doy kwan-do en-cos-tah

It hurts more at night
Dói-me mais à noite
doy-muh myz ah noyt

It stings
Arde-me
ard-muh

It aches
Dói-me
doy-muh

I have a temperature
Tenho febre
tenyoo februh

I need a prescription for . . .
Preciso duma receita de . . .
presseezoo doomuh russay-tuh duh

I normally take . . .
Normalmente tomo . . .
noormalment toh-moo

I'm allergic to . . .
Sou alérgico a . . .
soh alairjikkoo uh

Have you got anything for . . . ?
Tem alguma coisa para . . . ?
tayng algoomuh koyzuh par-uh

Do I need a prescription for . . . ?
Preciso duma receita para . . . ?
presseezoo doomuh russay-tuh par-uh

I have lost a filling
Caiu-me um chumbo
kayoo-muh oom shoomboo

(*Braz*) Perdi uma obturação
per-dey oomah ob-too-ras-owng

THINGS YOU'LL HEAR

Tome . . . pílulas/comprimidos de cada vez
Take . . . pills/tablets at a time

Com água
With water

Mastigue-os
Chew them

Uma vez/duas vezes/três vezes ao dia
Once/twice/three times a day

Só quando se deitar
Only when you go to bed

O que é que geralmente toma?
What do you normally take?

Eu acho que devia consultar um médico
I think you should see a doctor

Tenho muita pena, mas não temos isso
(Braz) **Sinto muito, mas não temos isso**
I'm sorry, we don't have that

Para isso precisa duma receita
For that you need a prescription

THINGS YOU'LL SEE OR HEAR

abcesso/abscesso (*Braz*)	abscess
ambulância-112/ ambulância-192 (*Brazil only*)	ambulance
análise de sangue/ exame de sangue (*Braz*)	blood tests
banco	casualty
chumbo/obturação (*Braz*)	filling
clínica	clinic
consulta	appointment
dentista	dentist
doutor	doctor
exames	tests
farmácia de serviço	all-night drugstore
horário das consultas	doctor's office hours
infectado/ infeccionado (*Braz*)	septic
injecção/injeção (*Braz*)	injection
médico	doctor
oculista	optician
óculos	glasses
otorrinolaringologista	ear, nose, and throat specialist
penso	dressing
posto de enfermagem	first aid center
posto de socorro/ pronto socorro (*Braz*)	first aid center
pressão arterial	blood pressure
radiografia	X-ray
receita	prescription
serviço permanente/ aberto 24 horas (*Braz*)	open 24 hours
urgências	emergencies
vacina	vaccine

CONVERSION TABLES

DISTANCES

A mile is 1.6 km. To convert kilometers to miles, divide the km by 8 and multiply by 5. Convert miles to km by dividing the miles by 5 and multiplying by 8.

miles	0.62	1.24	1.86	2.43	3.11	3.73	4.35	6.21
miles or km	1	2	3	4	5	6	7	10
km	1.61	3.22	4.83	6.44	8.05	9.66	11.27	16.10

WEIGHTS

The kilogram is equivalent to 2 lb 3 oz. To convert kg to lbs, divide by 5 and multiply by 11. One ounce is about 28 grams, and eight ounces about 227 grams; 1 lb is therefore about 454 grams.

lbs	2.20	4.41	6.61	8.82	11.02	13.23	19.84	22.04
lbs or kg	1	2	3	4	5	6	9	10
kg	0.45	0.91	1.36	1.81	2.27	2.72	4.08	4.53

TEMPERATURE

To convert Celsius degrees into Fahrenheit, the accurate method is to multiply the C° figure by 1.8 and add 32. Similarly, to convert F° to C°, subtract 32 from the F° figure and divide by 1.8.

C°	-10	0	5	10	20	30	36.9	40	100
F°	14	32	41	50	68	86	98.4	104	212

LIQUIDS

A liter is about 1.75 pints; a gallon is roughly 4.5 liters.

gals	0.22	0.44	1.10	2.20	4.40	6.60	11.00
gals or liters	1	2	5	10	20	30	50
liters	4.54	9.10	22.73	45.46	90.92	136.40	227.30

TIRE PRESSURES

lb/sq in	18	20	22	24	26	28	30	33
kg/sq cm	1.3	1.4	1.5	1.7	1.8	2.0	2.1	2.3

Clothing Sizes

Slight variations in sizes, let alone European equivalents of US sizes, will be found everywhere, so be sure to check before you buy. The following tables are approximate:

Women's dresses and suits

US	8	10	12	14	16	18
Europe	36	38	40	42	44	46
UK	10	12	14	16	18	20

Men's suits and coats

US	36	38	40	42	44	46
Europe	46	48	50	52	54	56

Women's shoes

US	5½	6½	7½	8½	9½
Europe	37	38	39	41	42
UK	4	5	6	7	8

Men's shoes

US/UK	7	8	9	10	11
Europe	41	42	43	44	45

Men's shirts

US/UK	14	14½	15	15½	16	16½	17
Europe	36	37	38	39	41	42	43

Women's sweaters

US/UK	32	34	36	38	40
Europe	36	38	40	42	44

Waist and chest measurements

Inches	28	30	32	34	36	38	40	42	44	46
Cms	71	76	80	87	91	97	102	107	112	117

MINI-DICTIONARY

about: about 16 cerca de
   dezasseis/dezesseis (Braz)
absorbent cotton o algodão hidrófilo
accelerator o acelerador
accident o acidente
accommodations o alojamento
ache a dor
adaptor (electrical) o adaptador
address direcção/endereço (Braz)
after depois
aftershave loção após barba
again outra vez
against contra
air o ar
air-conditioning o ar condicionado
air freshener o desodorizante de
   ambiente/o purificador de ar (Braz)
airline a companhia aérea
airplane o avião
airport o aeroporto
alcohol o álcol/o álcool (Braz)
all tudo
   that's all é tudo
   all the streets todas as ruas
allowed permitido
almost quase
alone só
already já
always sempre
am: I am eu sou
ambulance a ambulância
America a América
American americano/americana (m/f)
and e
ankle o tornozelo
anorak o anoraque
another outro
antifreeze o anticongelante

antiques shop a loja de antiguidades
antiseptic o antiséptico
anything: do you have anything?
   tem alguma coisa?
apartment o apartamento
aperitif o aperitivo
appendicitis a apendicite
appetite o apetite
apple a maçã
application form a ficha de inscrição
appointment a marcação/
   a hora marcada (Braz)
apricot o alperche/o damasco (Braz)
are: you are (sing. polite)
   (to man) a Senhor é
   (to woman) a Senhora é
   (sing. familiar) tu és
   (plural polite) os Senhores/
   as Senhoras são
   (plural familiar) vocês são
   we are somos
   they are eles são
arm o braço
art a arte
art gallery a galeria de arte
artist o artista
as: as soon as possible o mais
   depressa possível
ashtray o cinzeiro
asleep a dormir
   he's asleep ele está a dormir/
   ele está dormindo (Braz)
aspirin a aspirina
at: at the post office nos correios
   at night à noite
   at 3 o'clock às três horas
attractive atraente
aunt a tia

Australia a Austrália
Australian australiano/australiana (*m/f*)
Austria a Áustria
Austrian austríaco/austriaca (*m/f*)
automatic automático
away: is it far away? é longe?
 go away! vá-se embora!
awful horrível
ax o machado
axle o eixo

baby o bebé/o bebê (*Braz*)
baby carriage o carrinho de bébé
back (*not front*) a parte posterior
 (*of body*) as costas
backpack a mochila
bacon o bacon
 bacon and eggs bacon com ovos
bad mau
baggage a bagagem
baggage claim a reclamação de bagagens/
 a recebimento de bagagens (*Braz*)
baggage room o depósito de bagagens
 (*locker*) o cacifo
bait a isca
bake assar
baker o padeiro
balcony a varanda
ball a bola
 (*dance*) o baile
ballpoint pen a esferográfica
banana a banana
band (*musicians*) a banda
bandage a ligadura/a atadura (*Braz*)
bank o banco
bar o bar
 bar of chocolate a tablete
 de chocolate/
 a barra de chocolate (*Braz*)
barbecue o churrasco
barber's o barbeiro
bargain a pechincha
basement a cave/o subsolo (*Braz*)

basin o alguidar/a pia (*Braz*)
 (*sink*) o lavatório
basket o cesto/a cesta (*Braz*)
bath o banho
 have a bath tomar banho
bathing suit o fato de banho
bath salts os sais de banho
battery (*car*) a bateria
 (*flashlight*) a pilha
beach a praia
beach umbrella o pára-sol
beans os feijões
beard a barba
because porque
bed a cama
bed linen a roupa de cama
bedroom o quarto
beef a carne de vaca
beer a cerveja
before antes
beginner o principiante
behind atrás
beige beige
Belgian belga
Belgium a Bélgica
bell (*church*) o sino
 (*door*) a campaínha
below abaixo
belt o cinto
beside perto de
best o melhor
better melhor
between entre
bicycle a bicicleta
big grande
bikini o bikini
bill a conta
 (*money*) a nota
bird o pássaro
birthday o dia de anos/
 o aniversário (*Braz*)
 happy birthday! Parabéns!
birthday card o cartão de aniversário

biscuit a bolacha
bite *(verb)* morder, picar
  (noun) mordida
  (insect/snake) a picada
bitter amargo
black preto
blackberry a amora
blanket o cobertor
bleach *(verb)* descolorar/descolorir *(Braz)*
  (noun) a lexívia/a água sanitária *(Braz)*
blind *(cannot see)* cego
  (on window) o estore/a persiana *(Braz)*
blister a bolha
blood o sangue
blouse a blusa
blue azul
boat o navio
  (smaller) o barco
body o corpo
boil ferver
bolt *(verb)* trancar
  (on door) a fechadura
bone o osso
  (fish) a espinha de peixe
book *(noun)* o livro
  (verb) reservar
booking office a bilheteira
bookshop a livraria
boot a bota
border a fronteira
boring aborrecido
born: I was born in . . .
  eu nasci em . . .
both ambos
  both of them ambos
  both of us nós os dois/nós dois *(Braz)*
  both . . . and . . . tanto . . . como . . .
bottle a garrafa
bottle opener o abre-garrafas/
  o abridor de garrafas *(Braz)*
bottom o fundo
bowl a tigela
box a caixa

boy o rapaz
boyfriend o namorado
bra o soutien
bracelet a pulseira
brake *(noun)* o travão/o freio *(Braz)*
  (verb) travar/frear *(Braz)*
brandy o brandy
Brazil o Brasil
Brazilian brasileiro/brasileira *(m/f)*
bread o pão
breakdown *(car)* a panne/enguiçar *(Braz)*
  (nervous) o esgotamento nervoso
breakfast o pequeno almoço/
  o café da manhã *(Braz)*
breathe respirar
  I can't breathe não posso respirar/
  não consigo respirar *(Braz)*
bridge a ponte
briefcase a pasta
British britânico
brochure o folheto
broken partido/quebrado *(Braz)*
  broken leg a perna partida/
  a perna quebrada *(Braz)*
brooch o broche
brother o irmão
brown castanho
bruise o hematoma/a contusão *(Braz)*
brush *(noun)* a escova *(paint)* o pincel
  (verb) escovar
bucket o balde
building o edifício
bull o touro
bullfight a tourada
bullfighter o toureiro
bumper o pára-choques
burglar o gatuno/ladrão *(Braz)*
burn *(verb)* queimar
  (noun) a queimadura
bus o autocarro/o ônibus *(Braz)*
business o negócio
  it's none of your business
  não tem nada com isso

bus station a estação dos autocarros/
a estação rodoviária (Braz)
bus stop a paragem do autocarro/
o ponto de ônibus (Braz)
busy (occupied) ocupado
(street) movimentado
but mas
butcher o talho/o açougue (Braz)
butter a manteiga
button o botão
buy comprar
by: by Friday na Sexta-Feira
by myself sozinho
by the window perto da janela

cabbage a couve/o repolho (Braz)
cable car o teleférico
café o café
cake o bolo
calculator a máquina de calcular
call: what's it called? como é que
se diz?
camera a máquina fotográfica
camper a rulote/o trailer (Braz)
campsite o parque de campismo
can (tin) a lata
can I . . . ? posso . . . ?
can I have . . . ? pode-me dar . . . ?
Canada o Canadá
Canadian canadiano/canadense (Braz)
canal o canal
cancer o cancro/o câncer (Braz)
candle a vela
candy o rebuçado
canoe a canoa
can opener o abre-latas
cap o boné
car (automobile) o carro
car (train) a carruagem
carburetor o carburador
card o cartão
careful cuidadoso
careful! cuidado!

carpet a carpete/o carpete (Braz)
carrot a cenoura
case a mala
cash o dinheiro
(change) o troco
pay cash pagar em dinheiro
cassette a cassette/a fita-cassete (Braz)
cassette player o leitor de cassettes/
o toca-fitas (Braz)
castle o castelo
cat o gato
cathedral a catedral
cauliflower a couve-flor
cave a gruta
cemetery o cemitério
center o centro
certificate o certificado
chair a cadeira
chambermaid a criada de quarto/
a arrumadeira (Braz)
chamber music a música de câmara
change (clothes) mudar de roupa
(money) trocar
cheers! (toast) saúde!
cheese o queijo
check o cheque
checkbook o livro de cheques/
o talão de cheques (Braz)
check card o cartão de crédito
cherry a cereja
chess o xadrez
chest o peito
chewing gum a pastilha elástica/
o chiclete (Braz)
chicken o frango
child a criança
children as crianças
china a porcelana
China a China
Chinese chinês/chinesa (m/f)
chocolate o chocolate
a box of chocolates uma caixa de
chocolates

chop *(food)* a costeleta
  (to cut) cortar
church a igreja
cigar o charuto
cigarette o cigarro
city a cidade
city center o centro da cidade
class a classe
classical music a música clássica
clean limpo
clear claro
  is that clear? compreende?
clever esperto
clock o relógio
  (alarm) o despertador
close *(near)* perto
  (stuffy) abafado
  (verb) fechar
  the shop is closed a loja está
  fechada
clothes a roupa
club o clube
  (cards) o naipe de paus
clutch a embraiagem/
  a embreagem *(Braz)*
coach *(of train)* a carruagem/
  o vagão *(Braz)*
coat o casaco
coathanger o cabide
cockroach a barata
coffee o café
coin a moeda
cold *(illness)* a constipação/
  o resfriado *(Braz)*
  (adj.) frio
collar a gola
collection *(stamps, etc.)* a colecção/
  a coleção *(Braz)*
  (postal) a tiragem/a coleta *(Braz)*
color a cor
color film o rolo de fotografias a cores
comb *(noun)* o pente
  (verb) pentear

come vir
  I come from . . . eu sou de . . .
  we came last week nós viemos
  a semana passada
compartment o compartimento
complicated complicado
concert o concerto
conditioner *(hair)* o creme amaciador/
  o condicionador *(Braz)*
conductor *(bus)* o condutor/
  o motorista *(Braz)*
  (orchestra) o maestro
congratulations! parabéns!
constipation a prisão de ventre
consulate o consulado
contact lenses as lentes de
  contacto
contraceptive o contraceptivo/
  o anticoncepcional *(Braz)*
cook *(noun)* o cozinheiro
  (verb) cozinhar
cooking utensils os utensílios
  de cozinha
cool fresco
cork a rolha
corkscrew o saca-rolhas
corner *(in room)* o canto
  (of street) a esquina
corridor o corredor
cosmetics os cosméticos
cost *(verb)* custar
  what does it cost? quanto é
  que custa?
cotton o algodão
cotton balls o algodão hidrófilo
cough *(verb)* tossir
  (noun) a tosse
could: could you . . . ? podia . . . ?
council o conselho
country *(state)* o país
  (not town) o campo
cousin *(male)* o primo
  (female) a prima

crab o caranguejo
cramp a cãimbra
crayfish o lagostim
cream as natas
  (for skin) o creme
credit card o cartão de crédito
crew a tripulação
crib a cama de bebé
crowded apinhado/lotardo *(Braz)*
cruise o cruzeiro
crutches as muletas
cry *(weep)* chorar
  (shout) gritar
cucumber o pepino
cuff links os botões de punho/
  as abotoaduras *(Braz)*
cup a chávena/a xícara *(Braz)*
cupboard o armário
curlers os rolos/os bobes *(Braz)*
curls os caracóis
curry o caril
curtain a cortina
customs a Alfândega
cut *(noun)* o golpe/o corte *(Braz)*
  (verb) cortar

dad o papá/o papai *(Braz)*
dairy *(shop)* a leitaria
damp húmido
dance dançar
dangerous perigoso
dark escuro
daughter a filha
day o dia
dead morto
deaf surdo
dear caro
deck chair a cadeira de convés
deep fundo
deliberately de propósito
dentist o dentista
dentures a dentadura postiça

deny negar
  I deny it eu nego isso
deodorant o desodorizante/
  o desodorante *(Braz)*
department store os grandes armazéns/
  a loja de departamentos *(Braz)*
departure a partida
develop *(grow)* desenvolver
  (film) revelar
diamond *(jewel)* o diamante
  (cards) o naipe de ouros
diaper a fralda
diarrhea a diarreia
diary a agenda
dictionary o dicionário
die morrer
diesel o gasóleo/o diesel *(Braz)*
different diferente
  that's different isso é diferente
  I'd like a different one queria
  outro diferente
difficult difícil
dining car a carruagem restaurante/
  o vagão-restaurante *(Braz)*
dining room a sala de jantar
directory *(telephone)* a lista telefónica/
  a lista telefônica *(Braz)*
dirty sujo
disabled deficiente
dish towel o pano de cozinha
dishwashing liquid o detergente
  para lavar a loiça
distributor *(car)* o distribuidor
dive mergulhar
diving board a prancha de saltos/
  trampolim *(Braz)*
divorced divorciado
do fazer
dock o cais
doctor o médico
document o documento
dog o cão
doll a boneca

dollar o dólar
door a porta
double room o quarto de casal
doughnut a bola de Berlim/o sonho *(Braz)*
down em baixo
dress o vestido
drink *(verb)* beber
  (noun) a bebida
  would you like a drink? quer uma bebida?
drinking water a água potável
drive *(verb: car)* conduzir/dirigir *(Braz)*
driver o condutor/o motorista *(Braz)*
driver's license a carta de condução/
  a carteira de motorista *(Braz)*
driving regulations o código da estrada
drugstore a farmácia
drunk embriagado
dry seco
dry cleaner a limpeza a seco
during durante
dust cloth o pano do pó/
  o espanador de pó *(Braz)*
Dutch holandês/holandesa *(m/f)*
duty free duty-free

each cada
early cedo
earrings os brincos
ears as orelhas
east o este
easy fácil
egg o ovo
either: qualquer
  either of them um qualquer/
  qualquer um *(Braz)*
  either . . . or . . . ou . . . ou . . .
elastic elástico
elastic band o elástico
elbows os cotovelos
elevator o elevador
electric eléctrico
electricity a electricidade

else: someone else outra pessoa
  something else outra coisa
  somewhere else outro sítio/
  outro lugar *(Braz)*
embarrassing embaraçoso
embassy a embaixada
embroidery o bordado
emerald a esmeralda
emergency a emergência
emergency cord o sinal de alarme
empty vazio
end o fim
engaged *(occupied)* ocupado
  I'm engaged eu estou noivo
engine *(car)* o motor
  (railroad) a locomotiva
England a Inglaterra
English inglês
English Channel o canal da Mancha
Englishman o inglês
Englishwoman a inglesa
enlargement a ampliação
enough suficiente
entertainment o divertimento
entrance a entrada
envelope o envelope
eraser a borracha
escalator a escada rolante
especially especialmente
evening a noite
every cada
everyone toda a gente/
  todo o mundo *(Braz)*
everything tudo
everywhere em toda a parte
example o exemplo
  for example por exemplo
excellent excelente
excess baggage o excesso de
  bagagem
exchange *(verb)* trocar
exchange rate a cotação cambial
excursion a excursão

excuse me! desculpe!
  (*to get attention*) se faz favor!/
  desculpe!(*Braz*)
  (*to get past*) com licença
exit a saída
expensive caro
extension cord a extensão
eyedrops as gotas para os olhos
eyes os olhos

face a cara
faint (*unclear*) vago
  (*verb*) desmaiar
  to feel faint sentir-se desfalecer
fair (*amusement park*) a feira
  (*just*) justo
  it's not fair não hé direito/
  não é justo! (*Braz*)
false teeth a dentadura postiça
family a família
fan (*ventilator*) a ventoínha/
  o ventilador (*Braz*)
  (*enthusiast*) o adepto/o fã (*Braz*)
fan belt a correia da ventoínha/
  a correia do ventilador (*Braz*)
fantastic fantástico
far longe
fare (*bus*) o preço (da passagem)
farm a quinta
farmer o lavrador
fashion a moda
fast rápido
fat (*person*) gordo
  (*on meat, etc.*) a gordura
father o pai
feel (*touch*) tocar
  I feel hot tenho calor
  I feel like . . . apetece-me . . .
  I don't feel well não me sinto
  bem
feet os pés
felt-tip pen a caneta de feltro
ferry (*small*) o ferry-boat

fever a febre
fiancé o noivo
fiancée a noiva
field o campo
fig o figo
filling (*tooth*) o chumbo/
  a obturação (*Braz*)
film o filme
filter o filtro
finger o dedo
fire o lume/o fogo (*Braz*)
  (*blaze*) o incêndio
  (*heater*) o aquecimento/
  o aquecedor (*Braz*)
fire extinguisher o extintor
fireworks o fogo de artifício
first primeiro
first aid os primeiros socorros
fish o peixe
fishing a pesca
  go fishing ir à pesca
fishing rod a cana de pesca/
  a vara de pescar (*Braz*)
fishmonger a peixaria
fizzy gasoso
flag a bandeira
flash (*camera*) o flash
flashlight a lanterna
flat (*level*) plano
flavor o sabor
flea a pulga
flight o vôo
flight attendant (*male*) o comissário
  de bordo
  (*female*) a hospedeira/aeromoça (*Braz*)
flip-flops as chinelas de borracha
  de meter o dedo/os chinelos (*Braz*)
flippers as barbatanas/
  o pé-de-pato (*Braz*)
floor o chão
  (*of building*) o andar
flour a farinha

flower a flor
flu a gripe
flute a flauta
fly (verb) voar
  (insect) a mosca
fog o nevoeiro
folk music a música folclórica
food a comida
food poisoning a intoxicação
  alimentar
for para
  for a week por uma semana
  for me para mim
  what for? para quê?
foreigner o estrangeiro
forest a floresta
forget: I forget esqueci-me
fork o garfo
fountain pen a caneta de tinta
  permanente
fourth quarto
fracture a fractura/a fratura (Braz)
France a França
free (no cost) gratuito
  (at liberty) livre
freezer o congelador
French francês
french fries as batatas fritas
Frenchman o francês
friend o amigo
friendly simpático
front: in front em frente
frost a geada
fruit a fruta
fruit juice o sumo de frutas/o suco de
  frutas (Braz)
fry fritar
frying pan a frigideira
full cheio
  I'm full estou cheio!
full board a pensão completa
funnel (for pouring) o funil
funny engraçado

furniture a mobília
garage a garagem
garbage o lixo
garbage bag o saco do lixo
garbage can o caixote de lixo
garden o jardim
garlic o alho
gas a gasolina/o diesel (Braz)
gas-permeable lenses as lentes
  semi-rígidas
gas station a bomba de gasolina
gay (happy) feliz
  (homosexual) homosexual
gear a mudança/marcha (Braz)
gearshift a alavanca das mudanças/
  alavanca de marcha (Braz)
German alemão
Germany a Alemanha
get (fetch) ir buscar
  get the train tomar o comboio/
    tomar o trem (Braz)
  have you got . . . ? tem . . . ?
get back: we get back tomorrow
    nós regressamos amanhã/
    nós voltamos amanhã (Braz)
  get something back receber algo
    de volta
get in entrar
  (arrive) chegar
get out sair
get up (rise) levantar-se
gift o presente
ginger a gengibre
girl a rapariga/a menina (Braz)
girlfriend a namorada
give dar
glad contente
  I'm glad eu estou contente
glass o copo
glasses os óculos
glossy prints as fotografias em
  papel brilhante
gloves as luvas

glue a cola
go ir
  when does it go? a que
  horas parte?
goggles os óculos de proteção
gold o ouro
golf o golfe
golfball a bola de golfe
golf clubs os tacos de golfe
golf course o campo de golfe
good (*adj.*) bom
  good! óptimo!/ótimo (*Braz*)
good-bye adeus
government o governo
granddaughter a neta
grandfather o avô
grandmother a avó
grandson o neto
grapes as uvas
grass a relva/a grama (*Braz*)
gray cinzento
Great Britain a Grã-Bretanha
green verde
grill o grill
grocer (*shop*) a mercearia
ground floor o rés-do-chão/térreo (*Braz*)
ground cloth a lona impermeável
guarantee (*noun*) a garantia
  (*verb*) garantir
guard o guarda
guidebook o guia
guitar a viola/o violão (*Braz*)
gun (*rifle*) a espingarda
  (*pistol*) a pistola

hair os cabelos
haircut o corte de cabelo
hairdresser o cabeleireiro
hair dryer o secador de cabelo
hair spray a laca/o laquê (*Braz*)
half a metade
  half an hour a meia hora
half board a meia pensão

ham o fiambre/o presunto (*Braz*)
hamburger o hamburguer
hammer o martelo
hand a mão
handbag a mala de mão/a bolsa (*Braz*)
handbrake o travão de mão/
  o freio de mão (*Braz*)
handkerchief o lenço
handle (*door*) a maçaneta
handsome bonito
hangover a ressaca
happy feliz
hard duro
  (*difficult*) difícil
hard lenses as lentes rígidas
hat o chapéu
have ter
  can I have . . . ? pode-me dar . . . ?
  I don't have . . . não tenho . . .
  have you got . . . ? tem . . . ?
  I have to go now tenho que
  me ir embora
hay fever a febre dos fenos
he ele
head a cabeça
headache a dor de cabeça
headlights os faróis
healthy saudável
hear ouvir
hearing aid o aparelho auditivo
heart o coração
heart attack o ataque cardíaco
heating o aquecimento
heavy pesado
heel (*of shoe*) o salto do sapato
  (*of body*) o calcanhar
hello olá/oi (*Braz*)
  (*to get attention*) se faz favor/
  por favor! (*Braz*)
help (*noun*) a ajuda
  (*verb*) ajudar
  help! socorro!

her: it's for her é para ela
  give it to her dê-o a ela
  her book o livro dela
  her house a casa dela
  her shoes os sapatos dela
  it's hers é dela
here aqui
hi olá
high alto
highway a autoestrada/a rodovia (*Braz*)
hill o monte/a colina (*Braz*)
him: it's for him é para ele
  give it to him dê-o a ele
his: his book o livro dele
  his house a casa dele
  his shoes os sapatos dele
  it's his é dele
history a história
hitchhike pedir boleia/pedir carona (*Braz*)
hobby o passatempo
hole o buraco
holiday (*public, religious, etc.*) o feriado
Holland a Holanda
home a casa
honest honesto
honey o mel
honeymoon a lua de mel
hood (*car*) a capota/o capô (*Braz*)
horn (*car*) a buzina
  (*animal*) o chifre
horrible horrível
hospital o hospital
hot quente
hot water bottle o saco de água
  quente/a bolsa de água quente (*Braz*)
hour a hora
house a casa
how? como?
humid húmido
hungry: to be hungry ter fome
  I'm hungry tenho fome
hurry: I'm in a hurry estou com pressa
husband o marido

I eu
ice o gelo
ice cream o gelado/o sorvete (*Braz*)
ice cube o cubo de gelo
ice rink o ringue de patinagem/
  pista de gelo (*Braz*)
ice skates os patins de gelo
if se
ignition a ignição/ignição (*Braz*)
ill doente
immediately imediatamente
impossible impossível
India a Índia
Indian indiano
indigestion a indigestão
inexpensive barato
infection a infecção
information a informação
injection a injecção/
  injeção (*Braz*)
injury o ferimento
ink a tinta
inn a estalagem
inner tube a câmara de ar
insect o insecto/inseto (*Braz*)
insect repellent o repelente de
  insectos/insetos (*Braz*)
insomnia a insónia/insônia (*Braz*)
insurance o seguro
interesting interessante
interpret interpretar
invitation o convite
Ireland a Irlanda
Irish irlandês/irlandesa (*m/f*)
iron (*metal*) o ferro
  (*for clothes*) o ferro de engomar/
  o ferro de passar roupa (*Braz*)
ironmonger o ferreiro
is: he/she is ele/ela é
  it is . . . é . . .
island a ilha
Italian italiano/italiana (*m/f*)
Italy a Itália

itch *(noun)* a comichão/a coceira *(Braz)*
  it itches faz comichão/
    estar com coceira *(Braz)*

jacket o casaco
jacuzzi a banheira de massagens/
    a banheira de hidromassagens *(Braz)*
jam a compota
jazz o jazz
jealous ciumento
jeans os jeans
jellyfish a alforreca/a água-viva *(Braz)*
jeweler o joalheiro
job o emprego
jog *(verb)* correr
  go for a jog ir correr
jogging o jogging
joke a brincadeira
journey a viagem
just: it's just arrived acabou de chegar
  I've just one left só tenho um

kettle a chaleira
key a chave
kidney o rim
kilo o quilo
kilometer o quilómetro
kitchen a cozinha
knee o joelho
knife a faca
knit tricotar
knitting needle a agulha de tricotar
know: I don't know não sei

label a etiqueta
lace a renda
  (of shoe) o atacador/a cadarço *(Braz)*
lake o lago
lamb o cordeiro
lamp o candeeiro/a lâmpada *(Braz)*
lampshade o quebra-luz
land *(noun)* a terra
  (verb) aterrar/aterrizar *(Braz)*

language a língua
large grande
last *(final)* último
  last week a semana passada
  last month o mês passado
  at last! enfim!
late: it's getting late está-se a fazer
    tarde/esta ficando tarde *(Braz)*
  the bus is late o autocarro está
    atrasado/o ônibus está atrasado *(Braz)*
laugh rir
laundromat a lavandaria automática
laundry *(place)* a lavandaria/
    a lavanderia *(Braz)*
  (clothes) a roupa para lavar
laundry detergent o detergente
laxative o laxativo
lazy preguiçoso
leaf a folha
leaflet a brochura
learn aprender
leather o cabedal/o couro *(Braz)*
left *(not right)* esquerdo
  there's nothing left não sobrou nada
leftovers os restos
leg a perna
lemon o limão
lemonade a limonada
length o comprimento
lens *(camera)* a objectiva/a lente *(Braz)*
  (of glasses) a lente
less menos
lesson a lição
letter a carta
lettuce a alface
library a biblioteca
license a licença
license plate a chapa da matrícula
life a vida
lift: give someone a lift dar boleia a
    alguém/dar carona a alguém *(Braz)*
light *(not heavy)* leve
  (not dark) claro

lighter o isqueiro
lighter fuel o gás butano
light meter o fotómetro
like: I like you gosto de si/
  gosto de você (Braz)
  I like swimming gosto de nadar
  it's like . . . é como . . .
lime (fruit) a lima
line (of people) a bicha/a fila (Braz)
lip balm o báton para o cieiro/
  a pomada para os lábios (Braz)
lipstick o báton/o batom (Braz)
liqueur o licor
Lisbon Lisboa
list a lista
liter o litro
litter o lixo
little (small) pequeno
  it's a little big é um pouco grande
  just a little só um bocadinho/
  só um pouco (Braz)
liver o fígado
lobster a lagosta
locked fechado
lollipop o chupa-chupa/
  pirulito (Braz)
long (movie, road) longo
  how long? quanto tempo?
lost property a secção de perdidos
  e achados/a seção de perdidos
  e achados (Braz)
lot: a lot muitos
loud alto
  (color) berrante
lounge a sala
love (noun) o amor
  (verb) amar
lover o amante
low baixo
luck a sorte
  good luck! boa sorte!
lunch o almoço

magazine a revista
mail o correio
mailbox o marco do correio/
  a caixa do correio (Braz)
mailman o carteiro
make fazer
makeup a maquilhagem/
  a maquilagem (Braz)
man o homem
manager o gerente
map o mapa
  (street map) o mapa da cidade
margarine a margarina
market o mercado
marmalade a compota de laranja
married casado
mascara o rímel
mass (church) a missa
match (light) o fósforo
  (sport) o jogo
material (cloth) o tecido
mattress o colchão
maybe talvez
me: it's for me é para mim
  give it to me dê-mo a mim/
  me dê (Braz)
meal a refeição
meat a carne
mechanic o mecânico
medicine o remédio
meeting a reunião
melon o melão
menu a ementa/o cardápio (Braz)
message o recado
midday o meio-dia
middle o meio
midnight a meia-noite
milk o leite
mine: it's mine é meu
mineral water a água mineral
minute o minuto
mirror o espelho
  (car) o espelho retrovisor

mistake o erro
  make a mistake enganar-se
mom a mamã
money o dinheiro
month o mês
monument o monumento
moped a motorizada/a moto (Braz)
more mais
  more or less mais ou menos
morning a manhã
  in the morning de manhã
mother a mãe
motorbike a mota/a moto (Braz)
motorboat o barco a motor
mountain a montanha
mouse o rato
moustache o bigode
mouth a boca
move mexer
  (house) mudar-se
  don't move! não se mexa!
movie o filme
movie theater o cinema
mug a caneca
museum o museu
mushroom o cogumelo
music a música
musical instrument o instrumento
  musical
musician o músico
mussels os mexilhões
mustard a mostarda
my: my book o meu livro
  my house a minha casa
  my shoes os meus sapatos

nail (metal) o prego
  (finger) a unha
nail file a lima de unhas/
  a lixa de unhas (Braz)
nail polish o verniz de unhas/
  o esmalte de unhas (Braz)
name o nome

napkin o guardanapo
narrow estreito
near: near the door perto da porta
  near New York perto de Nova Iorque
necessary necessário
necklace o colar
need (verb) precisar
  I need . . . preciso de . . .
  there's no need não há
  necessidade
needle a agulha
negative (photo) o negativo
neither:
  neither of them nenhum deles
  neither . . . nor . . . nem . . . nem . . .
nephew o sobrinho
never nunca
new novo
news as novidades
  (television) as notícias
newsagent a tabacaria/
  o jornaleiro (Braz)
newspaper o jornal
New Zealand a Nova Zelândia
next próximo
  next week a semana que vem
  next month o mês que vem
  what next? e agora?
nice bonito
niece a sobrinha
night a noite
nightclub a discoteca
nightgown a camisa de dormir/
  camisola (Braz)
no (response) não
  (not any) nenhum
noisy barulhento
north o norte
Northern Ireland a Irlanda do
  Norte
nose o nariz
nose drops as gotas para o nariz
not não

notebook o bloco de apontamentos/
 caderno (Braz)
novel o romance
now agora
nudist o nudista
number o número
 (telephone) o número do telefone
nurse a enfermeira
nut (fruit) a noz
 (for bolt) a porca

occasionally ocasionalmente
office o escritório
often frequentemente
oil o óleo
ointment a pomada
OK ok
old velho
olive a azeitona
omelette a omeleta/
 o omelete (Braz)
on: on the balcony na varanda
 on the beach na praia
 on top em cima
one um, uma
onion a cebola
open (verb) abrir
 (adj.) aberto
operator (phone) a telefonista
opposite: opposite the hotel
 em frente do hotel
optician o oculista
or ou
orange (color) cor de laranja
 (fruit) a laranja
orange juice o sumo de laranja/
 o suco de laranja (Braz)
orchestra a orquestra
organ o órgão
our nosso
 it's ours é nosso
out: he's out ele saiu
outside lá fora

over por cima
 over there ali
overtake ultrapassar
oyster a ostra

pacifier a chupeta
pack of cards o baralho de cartas
package o embrulho
 (parcel) a encomenda
 package of cigarettes o maço
 de cigarros
packet o pacote
page a página
pain a dor
pair o par
pajamas o pijama
Pakistan o Paquistão
Pakistani paquistanês/paquistanesa (m/f)
pancake a panqueca
pants as calças
paraffin a parafina
pardon? como?
parents os pais
park (noun) o jardim público/
 parque (Braz)
 (verb) estacionar
parking lights as luzes de presença
parking lot o parque de estacionamento/
 a área de estacionamento (Braz)
parsley a salsa
party (celebration) a festa
 (group) o grupo
 (political) o partido
passenger o passageiro
passport o passaporte
pasta a massa
pastry shop a pastelaria/a confeitaria (Braz)
path o caminho
pavement o passeio
pay pagar
peach o pêssego
peanuts os amendoins
pear a pêra

peas as ervilhas
pedestrian o peão/o pedestre *(Braz)*
peg *(clothes)* a mola da roupa/
o pregador da roupa *(Braz)*
pen a caneta
pencil o lápis
pencil sharpener o apara-lápis/
o apontador *(Braz)*
pen pal o correspondente
penknife o canivete
pepper *(& salt)* a pimenta
(vegetable) o pimento/
o pimentão *(Braz)*
peppermints os bombons de hortelã
pimenta/a bala de hortelã *(Braz)*
per: per night por noite
perfume o perfume
perhaps talvez
perm a permanente
petticoat o saiote
photograph *(noun)* a fotográfia
(verb) fotografar
photographer o fotógrafo
phrase book o livro de frases
piano o piano
pickpocket o carteirista/
o batedor de carteira *(Braz)*
picnic o piquenique
piece o bocado/o pedaço *(Braz)*
pillow a almofada/o travesseiro *(Braz)*
pillowcase a fronha
pilot o piloto
pin o alfinete
pineapple o ananás/o abacaxi *(Braz)*
pink cor de rosa
pipe *(for smoking)* o cachimbo
(for water) o cano
piston o êmbolo
pizza a pizza
plant a planta
plaster *(for cut)* o adesivo/
o esparadrapo *(Braz)*
plastic o plástico

plastic bag o saco de plástico
plate o prato
platform a plataforma
playground o parque infantil/
o playground *(Braz)*
please se faz favor/por favor *(Braz)*
plug *(electrical)* a tomada
(sink) a válvula/a tampa *(Braz)*
pocket o bolso
poison o veneno
police a polícia
policeman o polícia
police station a esquadra da polícia/
a delegacia de polícia *(Braz)*
politics a política
poor pobre
(bad quality) mau
pop music a música pop
pork a carne de porco
port *(harbor)* o porto
(drink) o vinho do Porto
porter o porteiro
Portugal Portugal
Portuguese português/portuguesa *(m/f)*
possible possível
post *(noun)* o correio
(verb) por no correio
postcard o postal ilustrado/
o cartão postal *(Braz)*
poster o cartaz
post office os correios
potato a batata
potato chips as batatas fritas
poultry as aves
pound *(weight)* o peso
powder o pó
prawn a gamba/o camarão *(Braz)*
pregnant grávida
prescription a receita
pretty *(beautiful)* bonito
(quite) muito
price o preço
priest o padre

private privado
problem o problema
  what's the problem? qual é o
  problema?
public o público
pull puxar
puncture o pneu furado
purple violeta
purse o porta-moedas/carteira (Braz)
push empurrar

quality a qualidade
question a pergunta
quick rápido
quiet silencioso
quilt o edredão/o edredom (Braz)
quite (fairly) bastante
  (fully) muito

radiator o radiador
radio o rádio
radish o rabanete
railroad o caminho de ferro/
  a estrada de ferro (Braz)
  (track) a via férrea
rain a chuva
rain boots as botas de borracha
raincoat o impermeável/
  a capa de chuva (Braz)
raisin a passa
rare (uncommon) raro
  (steak) mal passado
raspberry a framboesa
rat a ratazana/rato (Braz)
razor blades as lâminas para barbear
reading lamp o candeeiro/
  o abajur (Braz)
  (bed) o candeeiro da mesinha de
  cabeceira/o abajur de cabeceira (Braz)
ready pronto
receipt a fractura/o recibo (Braz)
receptionist o recepcionista
record (music) o disco

record player o gira-discos/
  toca-discos (Braz)
record shop a discoteca/
  a loja de discos (Braz)
red encarnado/vermelho (Braz)
refreshments (drink) as bebidas
  (food) a refeição ligeira/
  a refeição o lanche (Braz)
refrigerator o frigorífico
registered letter a carta registada
relax descansar
religion a religião
remember lembrar-se
  I don't remember não me lembro
rent (verb) alugar
  (noun) a renda
repeat repetir
reservation a reserva
rest (remainder) o resto
  (relax) descansar
restaurant o restaurante
restaurant car a carruagem restaurante/
  o vagão-restaurante (Braz)
restroom a casa de banho/
  o banheiro (Braz)
  (men's) homens
  (women's) senhoras
return (come back) regressar
  (give back) devolver
rice o arroz
rich rico
right (correct) certo
  (direction) a direita
ring (to phone) telefonar
  (wedding, etc.) o anel
ripe maduro
river o rio
road a estrada
rock (stone) a rocha
  (music) a música rock
roll (bread) a carcaça/o pãozinho (Braz)
  (verb) rolar
roller skates os patins

roof o telhado
  (terrace) o terraço
room o quarto
  (space) o espaço
rope a corda
rose a rosa
round *(circular)* redondo
  it's my round agora pago eu
rowboat o barco a remos
ruby *(color)* a cor de rubi
  (stone) o rubi
rug *(mat)* a carpete
ruins as ruínas
ruler a régua
rum o rum
run *(person)* correr
runway a pista

sad triste
safe seguro
safety pin o alfinete de segurança
sailboat o barco à vela
salad a salada
salami o salame
sale a venda
  (at reduced prices) os saldos
salmon o salmão
salt o sal
same: the same hat o mesmo chapéu
  the same skirt a mesma saia
  the same again a mesma coisa
sand a areia
sandals as sandálias
sand dunes as dunas
sandwich a sandes/o sanduíche *(Braz)*
sauce o molho
sauna a sauna
sausage a salsicha
say dizer
  what did you say? o que é
  que disse?
  how do you say . . . ? como é
  que se diz . . . ?

scampi as gambas/os camarões *(Braz)*
Scandinavia a Escandinávia
scarf o lenço
school a escola
scissors a tesoura
Scotland a Escócia
Scottish escocês/escosesa *(m/f)*
screw o parafuso
screwdriver a chave de parafusos/
  a chave de fenda *(Braz)*
sea o mar
seafood o marisco
seat o lugar
seat belt o cinto de segurança
second segundo
second floor o primeiro andar
see ver
  I can't see não posso ver/
  não consigo ver *(Braz)*
  I see estou a ver/estou vendo *(Braz)*
sell vender
separate separado
serious sério
several vários
sew coser/costurar *(Braz)*
shampoo o champô
shave *(verb)* fazer a barba
shaver a máquina de barbear
shaving foam a espuma de barbear
shawl o xaile
she ela
sheet o lençol
shell a concha
sherry o Xerez
ship o barco
shirt a camisa
shoelaces os atacadores/o cadarço *(Braz)*
shoe polish a pomada dos sapatos/
  a graxa de sapato *(Braz)*
shoes os sapatos
shoe store a sapataria
shopping as compras
  go shopping ir às compras

shopping center o centro comercial/
o shopping (Braz)
short curto
shorts os calções
shoulder o ombro
shower (bath) a ducha
(rain) o aguaceiro/a chuva (Braz)
shower cap a touca de banho
shrimp a gamba/o camarão (Braz)
shutter (camera) o obturador
(window) o estor/a veneziana (Braz)
sick (ill) doente
I feel sick estou agoniado/
enjoado (Braz)
side (edge) a borda
I'm on her side eu estou do
lado dela
sights: the sights of . . . as vistas de . . .
silk a seda
silver (color) prateado
(metal) a prata
simple simples
sing cantar
single (one) único
(unmarried) solteiro
single room o quarto individual
sister a irmã
skates os patins
skid (verb) patinar/derrapar (Braz)
skin cleanser o leite de limpeza
skirt a saia
sky o céu
sleep (noun) o sono
(verb) dormir
go to sleep ir dormir
sleeping bag o saco de dormir
sleeping car a carruagem cama/
o vagão-leito (Braz)
sleeping pill o comprimido para
dormir
sling o aparelho de gesso/a tipóia (Braz)
slippers as pantufas/os chinelos (Braz)
slow lento

small pequeno
smell (noun) o cheiro
(verb) cheirar
smile (noun) o sorriso
(verb) sorrir
smoke (noun) o fumo
(verb) fumar
snack a refeição ligeira/o lanche (Braz)
snorkel o respirador aquático
snow a neve
so: so good tão bom
soaking solution (for contact lenses)
a solução para as lentes de contacto
soap o sabonete
soccer o futebol
socks as meias
soda water a soda
soft lenses as lentes maleáveis
somebody alguém
somehow de qualquer modo/
de alguma maneira (Braz)
something qualquer coisa/
alguma coisa (Braz)
sometimes às vezes
somewhere nalguma parte/
em algum lugar (Braz)
son o filho
song a canção
sorry! desculpe!
I'm sorry tenho muita pena
soup a sopa
south o sul
South Africa a África do Sul
South African sul-africano
souvenir a lembrança
souvenir shop a loja de artigos
regionais/a loja de lembranças (Braz)
spade (shovel) a pá
(cards) o naipe de espadas
Spain a Espanha
Spanish espanhol/espanhola (m/f)
spare parts as peças sobresselentes/
as peças sobressalentes (Braz)

spark plug a vela
speak falar
  do you speak . . . ? fala . . . ?
  I don't speak . . . eu não falo . . .
speed a velocidade
speed limit o limite de velocidade
speedometer o conta-quilómetros/
  o velocímetro (Braz)
spider a aranha
spinach os espinafres
spoon a colher
sprain a distensão
spring (mechanical) a mola
  (season) a primavera
stadium o estádio
staircase a escada
stairs os degraus
stamp o selo
stapler o agrafador/o grampeador (Braz)
star a estrela
  (movie) a estrela (female), o astro (male)
start a partida
  (verb) começar
station (train) a estação
  (subway) a estação do metro
statue a estátua
steak o bife
steal roubar
  my bag's been stolen
  roubaram-me a mala
steamer o barco a vapor
  (cooking) a panela de pressão
steering wheel o volante
sting (noun) a picada
  (verb) picar
stockings as meias collants
stomach o estômago
stomachache a dor de estômago
stop (verb) parar
  (bus stop) a paragem de autocarro/
  o ponto de ônibus (Braz)
  stop! stop!
store a loja

storm a tempestade
strawberry o morango
stream (small river) o ribeiro/
  o riacho (Braz)
street a rua
street café a esplanada
string (cord) o cordel/o barbante (Braz)
  (guitar, etc.) a corda
stroller a cadeirinha de bebé
student o estudante
stupid estúpido
suburbs os arredores
sugar o açúcar
suit (noun) o fato/o terno (Braz)
  (verb) ficar bem
  it suits you fica-lhe bem
suitcase a mala
sun o sol
sunbathe tomar banhos de sol
sunburn a queimadura solar
sunglasses os óculos de sol
sunny soalheiro/ensolarado (Braz)
suntan o bronzeado
suntan lotion a loção de bronzear/
  o bronzeador (Braz)
supermarket o supermercado
supplement o suplemento
sure: are you sure? tem a certeza?
surname o apelido
suspenders os suspensórios
sweat (noun) o suor
  (verb) suar
sweater a camisola/o suéter (Braz)
sweatshirt a sweatshirt
sweet (not sour) doce
swimming pool a piscina
swimming trunks os calções de
  banho/o calção de banho
  (male, Braz), maiô (female, Braz)
Swiss suíço/suíça (m/f)
switch o interruptor
Switzerland a Suíça
synagogue a sinagoga

table a mesa
tablet o comprimido
taillights as luzes de trás
take tomar
take away: to take away para levar
take off (noun) a descolagem/
  a decolagem (Braz)
take off (verb) descolar/decolar (Braz)
talcum powder o pó de talco/talco (Braz)
talk (noun) a conversa
  (verb) falar
tall alto
tampon o tampão
tangerine a tangerina
tap a torneira
tapestry a tapeçaria
tea o chá
telegram o telegrama
telephone (noun) o telefone
  (verb) telefonar
telephone booth a cabine telefónica/
  a cabine telefônica (Braz)
telephone call a chamada telefónica/
  a chamada telefônica (Braz)
television a televisão
temperature a temperatura
tent a barraca
tent peg a estaca para prender a tenda
tent pole a vara (mastro) da tenda
than do que
thank (verb) agradecer
  thanks obrigado
  thank you obrigado
that: that bus esse autocarro/
  esse ônibus (Braz)
  that man esse homem
  that woman essa mulher
  what's that? o que é isso?
  I think that . . . eu penso que . . .
their: their room o quarto
  deles/delas (male, female)
  their books os livros deles/delas
  it's theirs é deles/delas

them: it's for them é para eles/elas
  (male, female)
  give it to them dê-o a eles/elas
then então
there ali
these: these things estas coisas
  these are mine estes são meus
they eles/elas
thick espesso, grosso
thin fino
think pensar
  I think so acho que sim
  I'll think about it vou pensar nisso
third terceiro
thirsty: I'm thirsty tenho sede
this: this bus este autocarro/
  este ônibus (Braz)
  this man este homem
  this woman esta mulher
  what's this? o que é isto?
  this is Mr. . . . este é o Senhor . . .
those: those things essas coisas
  those are his esses são dele
throat a garganta
throat pastilles as pastilhas para
  a garganta
through através
thumb tack o pionés
thunderstorm a trovoada
ticket o bilhete/a passagem (Braz)
tide a maré
  high tide a maré-alta
  low tide a maré-baixa
tie (noun) a gravata
  (verb) atar
tights uns collants
time o tempo
  what's the time? que horas são?
timetable o horário
tip (money) a gorgeta
  (end) a ponta
tired cansado
  I feel tired sinto-me cansado

tissues os lenços de papel
to: to America para a America
  to the station para a estação
  to the doctor para o médico
toast a torrada
tobacco o tabaco
today hoje
together juntos
toilet paper o papel higiénico/
  o papel higiênico *(Braz)*
tomato o tomate
tomato juice o sumo de tomate/
  o suco de tomate *(Braz)*
tomorrow amanhã
tongue a língua
tonic water a água tónica/
  a água tônica *(Braz)*
tonight esta noite
too *(also)* também
  (excessive) demasiado
tooth o dente
toothache a dor de dentes
toothbrush a escova de dentes
toothpaste a pasta de dentes
tour a excursão
tourist o turista
tourist information office o Turismo
towel a toalha
tower a torre
town a cidade
town hall a câmara municipal
toy o brinquedo
toy store a loja de brinquedos
track suit o fato de treino/
  a roupa de jogging *(Braz)*
tractor o tractor/o trator *(Braz)*
tradition a tradição
traffic o trânsito
traffic jam o engarrafamento
traffic lights os semáforos
trailer o rulote/o trailer *(Braz)*
train o comboio/o trem *(Braz)*
translate traduzir

transmission a transmissão
trash can o caixote de lixo/
  a lata de lixo *(Braz)*
travel agency a agência de viagens
traveler's check o travel-cheque
tray a travessa/a bandeja *(Braz)*
tree a árvore
truck o camião/o caminhão *(Braz)*
trunk *(car)* o porta bagagens/
  o porta malas *(Braz)*
try tentar
tunnel o túnel
turn signal o indicador
tweezers a pinça
typewriter a máquina de escrever
tire o pneu

umbrella o chapéu de chuva/
  o guarda-chuva *(Braz)*
uncle o tio
under debaixo de
underground o metropolitano/
  o metrô *(Braz)*
underpants as cuecas
undershirt a camisola interior
understand: I don't understand
  não compreendo/não entendo *(Braz)*
underwear a roupa interior/
  a roupa de baixo *(Braz)*
university a universidade
unmarried solteiro
until até
unusual pouco vulgar/incomum *(Braz)*
up em cima
  (upward) para cima
urgent urgente
us: it's for us é para nós
use *(noun)* o emprego
  (verb) usar
  it's no use não vale a pena
useful útil
usual usual/habitual *(Braz)*
usually usualmente

vacancy (room) vaga/
  o quarto para alugar (Braz)
vacation as férias
vacuum cleaner o aspirador
valley o vale
valve a válvula
van a furgoneta/a caminhonete (Braz)
vanilla a baunilha
vase o vaso
veal a vitela
vegetables os legumes
vegetarian (person) o vegetariano
  (adj.) vegetariano
vehicle o veículo
very muito
view a vista
viewfinder o visor
villa a vivenda/a casa de campo (Braz)
village o povoado
vinegar o vinagre
violin o violino
visa o visto
visit (noun) a visita
  (verb) visitar
visitor a visita
vitamin tablets as vitaminas
vodka o vodka
voice a voz

waiter o empregado/o garçom (Braz)
  waiter!/waitress! se faz favor!/
  por favor! (Braz)
waiting room a sala de espera
waitress a empregada/
  a garçonete (Braz)
Wales o País de Gales
walk (noun) o passeio
  (verb) andar a pé
  go for a walk ir dar um passeio
wall (inside) a parede
  (outside) o muro
wallet a carteira
war a guerra

wardrobe o roupeiro/o guarda-
  roupa (Braz)
warm quente
was: I was here last night
  eu estive aqui ontem à noite
wasp a vespa
watch (noun) o relógio
  (verb) observar
water a água
waterfall a catarata/
  a cachoeira (Braz)
wave (noun) a onda
  (verb) acenar
we nós
weather o tempo
wedding o casamento
week a semana
welcome: you're welcome
  de nada
Welsh galês/galesa (m/f)
were: we were here last year
  nós estivemos aqui o ano passado
west o oeste
wet molhado
what? o quê?
wheel a roda
wheelchair a cadeira de rodas
when? quando?
where? onde?
whether se
which? qual?
whiskey o whisky
white branco
who? quem?
why? porquê?
wide largo
wife a esposa
wind o vento
window a janela
  (of shop) a montra/a vitrine (Braz)
windshield o pára-brisas
windshield wiper o limpa
  pára-brisas

wine o vinho
wine list a lista dos vinhos
wine merchant o negociante
  de vinhos
wing a asa
with com
without sem
woman a mulher
wood a madeira
wool a lã
word a palavra
work (*noun*) o trabalho
  (*verb*) trabalhar
  (*machine, etc.*) funcionar
worse pior
wrapping paper o papel de
  embrulho
wrist o pulso
writing paper o papel de carta
wrench a chave inglesa
wrong errado
  what's wrong? o que se passa?

year o ano
yellow amarelo
yes sim

yesterday ontem
yet: is it ready yet? já está pronto?
  not yet ainda não
yogurt o iogurte
you (*sing. familiar*) tu
  (*plural familiar*) vocês
  (*sing. polite*) (*to man*) o Senhor
  (*to woman*) a Senhora
  (*plural polite*) os Senhores/
  as Senhoras
your (*sing. familiar*) **your book**
  o teu livro
  is it yours? é teu?
  (*sing. polite*) **your house**
  a sua casa
  is it yours? é seu?
  (*plural familiar and polite*)
  your house a vossa casa
  is it yours? é vosso?
youth hostel o albergue da
  juventude

zipper o fecho eclair®
zoo o jardim zoológico